La Grèce
Le Mont Athos
Constantinople

Notes et souvenirs de la croisière de « l'Orénoque »

PAR

CH. DIEHL

Correspondant de l'Institut

Professeur d'histoire à l'Université de Nancy

NANCY

IMPRIMERIE BERGER-LEVRAULT & Cⁱᵉ

18, RUE DES GLACIS, 18

NOTES ET SOUVENIRS

De la croisière de « l'Oréuoque »

Tiré à cent quinze exemplaires.

N° 107

IMPRIMÉ SPÉCIALEMENT POUR

La Grèce
Le Mont Athos
Constantinople

Notes et souvenirs de la croisière de « l'Orénoque »

PAR

CH. DIEHL

Correspondant de l'Institut
Professeur d'histoire à l'Université de Nancy

NANCY

IMPRIMERIE BERGER-LEVRAULT & Cie

18, RUE DES GLACIS, 18

1898

AVANT-PROPOS

On m'a demandé, à bord de l'Orénoque,
avec une très aimable et trop flatteuse insis-
tance, de noter pour mes compagnons de
voyage quelques-uns des épisodes et des
souvenirs de notre commune croisière. J'ai
été heureux pour moi-même — pourquoi
ne point l'avouer ? — de fixer quelques-
unes des sensations de ce voyage qui fut
charmant, de revivre en esprit ces trois
semaines exquises, toutes pleines de merveilleux spectacles et de rares émotions, et
je souhaite — sans oser l'espérer — qu'on
trouve à lire ce petit livre un peu du plaisir que j'ai eu à l'écrire. Mais, surtout, il
m'a paru, en répondant au désir qui m'é-
tait exprimé, que j'aurais ainsi l'occasion

d'acquitter une double dette de reconnais-sance : celle que tous nous avons contractée envers les hôtes qui, à Athènes et à Cons-tantinople, nous ont fait un si gracieux accueil; celle aussi que personnellement je dois à mes compagnons de route, dont je n'oublierai ni l'infatigable bonne volonté, ni l'exquise bonne grâce, ni les précieux témoignages de cordiale sympathie.

Nancy, 1er juillet 1898.

C. D.

La Grèce

Le Mont Athos

Constantinople

Notes et souvenirs de la croisière de l'ORÉNOQUE

En mer, 9-11 avril 1898.

Il y a, dans ces premières heures d'un voyage comme est le nôtre, dans ce premier contact de cent quarante personnes qui, se connaissant peu ou point, sont destinées à vivre sur le même navire trois pleines semaines de vie commune et presque familière, une ample matière d'observations curieuses et de piquantes réflexions. Chacun, comme il convient, a songé d'abord à l'installation matérielle : on a pris possession de sa cabine, défait des malles, rangé en un ordre savant jaquette et habit noir, livres et papiers, appareil photographique et le reste ; les dames ont donné de l'air aux toilettes élégantes, aux fraîches toilettes de bal, qu'on leur a soigneusement recommandé de ne point oublier en cette croisière pour les réceptions qui nous attendent ; bref, chacun a fait de son mieux pour s'accommoder dans les cinq ou six mètres carrés qui pendant vingt et un jours constitueront tout notre *home*. On a poussé aussi, dans les divers sens de cet *Orénoque* inconnu qui va être notre maison flottante, de savantes reconnaissances : vers la cabine photographique qui est au centre, vers le salon de lecture et de conférences qui est à l'avant, et dont les tables sont chargées de livres, de guides, de cartes géographiques et de brochures, vers la salle à manger qui est à l'arrière et où déjà la table est mise pour le déjeuner, sur le gaillard d'avant et sur le pont supérieur où s'aligne, pour la paresseuse flânerie des journées de mer, toute une armée de fauteuils cannés, de chaises longues et de *rocking-chairs*. C'est alors que se pose la question — infiniment plus délicate — de l'installation morale. On se regarde curieusement, on se dévisage, on s'applique, en étudiant la liste des passagers qui a été remise à chacun de nous, à adapter des noms sur des figures qui passent ; des présentations se font, des lettres de recommandation s'échangent, des groupes se forment, qui peut-être deviendront des groupes sympathiques ; on se rapproche et on s'examine, on s'observe et on se réserve. D'ordinaire, il faut, pour fondre cette glace, une grande journée au moins, et souvent davantage : cette fois — est-ce l'effet du beau temps qui met en belle humeur, de la mer admirable qui promet une traversée paisible, ou l'influence du déjeuner qui, dès le départ, rassemble les touristes et fait naître du hasard des voisinages des ébauches de relations, ou bien n'est-ce pas plutôt encore la qualité rare et charmante de la société réunie à bord de l'*Orénoque ?* — toujours est-il qu'il s'est établi très vite une entente sympathique et cordiale, un entrain de bon aloi et de bon ton qui ont persisté jusqu'au retour.

Il n'est point sans quelque intérêt de chercher comment se répartissent les personnes qui ont répondu à l'appel de la *Revue générale des sciences ;* et ce pourrait être, si l'on voulait, l'occasion d'un dénombrement à la façon d'Homère, assez naturel en somme au début d'une croisière qui doit nous conduire aux lieux mêmes qu'Homère a chantés. Tous les âges et toutes les situations sont représentés dans notre compagnie : il y a des conseillers d'État et des inspecteurs généraux des ponts et chaussées, des militaires et des professeurs, des artistes et des prêtres, quelques médecins, beaucoup d'avocats, des poètes et même des esthètes. Il y a des gens du Midi et plus encore de gens du Nord ; un groupe assez important et fort aimable est venu de Belgique ; et pour achever de donner à la société une physionomie cosmopolite, nous avons un Anglais et un Espagnol. D'autres choses frappent à cette première inspection :

dans ce voyage aux pays du passé, il y a très peu de spécialistes, de professionnels de l'érudition et de l'archéologie : nos passagers sont en très grande majorité des gens du monde, et du même monde, d'esprit cultivé, de façons courtoises, de relations aimables, très séduits par la magie des grands noms de la Grèce, très désireux de s'instruire des choses de l'antiquité et pleins d'une bonne volonté qui parfois a touché presque à l'héroïsme ; et cela fait une société très homogène et agréable infiniment. Ajoutez encore qu'il y a à bord beaucoup de dames — près du tiers de notre compagnie — dont la présence donnera à ce voyage un caractère tout particulier d'urbanité et d'élégance, et enfin qu'il s'y trouve beaucoup de jeunes filles et de jeunes gens, qui mettent sur le pont une animation joyeuse et un mouvement de vie. Dès le départ de Marseille, sous le gai soleil qui dore les côtes de Provence, la croisière de l'*Orénoque* s'annonce sous les plus favorables auspices.

Pendant les trois journées de navigation

qui de France nous ont conduits aux rivages de Grèce, nous n'avons guère eu d'autres distractions que le spectacle enchanteur de la mer riante et bleue. Partis de Marseille le samedi à midi, nous avons franchi les bouches de Bonifacio de trop grand matin pour en admirer le pittoresque paysage, et notre dimanche s'est écoulé très calme, sanctifié, comme il convient, par l'office religieux du matin. Il y a, dans cette messe dite à bord, sur le pont du navire qui glisse doucement, une grandeur simple et touchante : dans le grand silence et la claire lumière, les chants pieux et la musique sacrée s'élèvent lentement en harmonies exquises, et notre excellent aumônier nous a, par surcroît, régalés d'une spirituelle homélie, où mon ami Gustave Larroumet, qui s'est fait si joliment l'historiographe de voyages semblables au nôtre, eût été bien surpris de se voir cité et commenté comme un Père de l'Église. Puis les heures passent en causeries, en lectures, dans ce délicieux *farniente* surtout, qui est l'un des charmes de la navigation en mer ; et au lundi matin nous franchissons le détroit de Messine, où des villes souriantes et lumineuses, Scylla, Reggio, Messine, étagent leurs maisons blanches, tandis qu'en face des montagnes arides de Calabre, striées de longs ravins rougeâtres, l'Etna dresse dans le ciel bleu, sous la lumière rose du soleil levant, son cône couvert d'une fraîche tombée de neige. Et de nouveau, toute la journée, nous perdons la vue des terres, et le soleil se couche sur l'Ionienne radieuse, sans que nous apercevions encore à l'horizon lointain les nobles et pures lignes des montagnes helléniques, de cette Grèce espérée et charmante, dont nous foulerons demain le sol sacré.

Delphes, 12 avril.

Depuis le matin, après trois jours de mer, nous sommes entrés dans les eaux calmes du golfe de Corinthe, et sous le gai soleil, sur les vertes collines qui bordent le rivage, des villes passent, rapidement entrevues, Lépante, qui accroche au flanc de la montagne la ligne rougeâtre de ses vieux remparts vénitiens, Ægion, pittoresque et clair, paisiblement assis parmi les oliviers. Dans le ciel bleu, de hautes cimes couronnées de neige mettent des blancheurs rosées, et la croupe demi-circulaire du Cyllène fait pendant à la double corne du Parnasse. A Itéa, où nous prenons terre, on a mobilisé, pour nous hisser à Delphes, tout un escadron d'ânes, de mulets et de chevaux ; et par la plaine ombragée d'oliviers centenaires, par les sentiers pierreux où les cailloux roulent sous les pieds, notre joyeuse cavalcade s'achemine allègrement, un peu secouée au rythme dur des montures, un peu émue aux réactions brutales des massives selles de bois, mais ravie en somme de retrouver la terre stable et sûre, heureuse du grand soleil, du ciel limpide, des admirables horizons qui se découvrent, à mesure qu'on s'élève, sur le golfe paisible et bleu, sur les grandes montagnes fauves, sur les précipices profonds où s'entassent les roches éboulées. Dans les villages que nous traversons, la population curieuse se presse sur les portes, des hommes

au type original et fier, encore vêtus du vieux
costume national, des femmes, souvent jolies,
en longues robes bleues relevées de broderies ;
et les saluts s'échangent, et les acclamations
de bienvenue se croisent, et à Kastri, un arc
de triomphe est dressé sur la route, enguir-
landé de drapeaux et de feuillages, et une ins-
cription, conforme aux pures règles de l'épi-
graphie classique, déclare que c'est l'œuvre
de « la commune de Delphes, reconnaissante
à la France ». Ils n'ont pas toujours pensé
ainsi, les bons paysans de Kastri, et le jour où
ils ont dû quitter leurs vieilles masures assises
sur l'emplacement même du sanctuaire, ils
ont fait quelques façons pour s'établir dans le
village tout neuf qu'on leur avait construit.
Ils s'en sont accommodés pourtant, ayant
trouvé profit, en somme, au voisinage des
fouilles et au passage des touristes... Et maintenant, au sortir de Kastri, la route mon-
tante franchit une dernière crête, et brusquement, au détour du chemin, un vaste
horizon se découvre, et dans l'un des pay-
sages les plus grandioses qu'on puisse rêver,

apparaît ce qui subsiste du célèbre temple d'Apollon.

On ne saurait vraiment commencer mieux

Dans le Stade de Delphes.

que par Delphes le pieux pèlerinage que nous entreprenons aux ruines du monde antique. Avec ses hautes falaises qui font comme un théâtre de roc autour du sanctuaire, avec son cirque de montagnes qui semble l'isoler du

monde, avec ses gorges étroites et mystérieuses, ses ravins profonds, ses sources limpides, « le site de Delphes, comme on l'a
dit, est un des plus beaux de la Grèce ; il a
le mystère, la grandeur et l'effroi du divin ».
Mais, pour nous Français, Delphes n'a pas
seulement l'attrait du pittoresque : les fouilles
poursuivies depuis six ans, avec une si sûre
méthode et de si éclatants succès, sur l'emplacement du vieux temple d'Apollon, sont
une œuvre essentiellement française et qui
fait honneur à notre pays. Demain, à Olympie,
nous verrons quelle tâche immense l'Alle-
magne a accomplie dans les plaines de l'Alphée ; en face de cette entreprise très vantée,
nos fouilles de Delphes soutiennent la compa-
raison sans désavantage, et il est bon que des
Français s'en convainquent de leurs yeux.
Enfin, en cette année où notre École d'A-
thènes célèbre son cinquantenaire, ne con-
vient-il pas que notre première visite soit
pour ce chantier où elle a travaillé avec tant
de bonheur, sous la direction du savant éminent dont l'infatigable ténacité, la méthodi-

que confiance, la science profonde et certaine
ont su, à travers toutes les difficultés, préparer
l'œuvre, la conduire et la mener à bien? Mal-
heureusement pour nous, M. Homolle n'a pu,
retenu à Athènes par les préparatifs des fêtes
prochaines, venir lui-même nous recevoir au
seuil de cette terre sacrée dont il a fait son
domaine, et il a fallu, hélas ! pour visiter Delphes, se contenter de paroles moins autori-
sées et d'expériences moins consommées que
la sienne. Apollon, heureusement, s'est mis
en frais pour nous faire honneur : il a, sur son
sanctuaire familier, répandu sa plus splendide
lumière, et du haut des Phædriades éclat-
tantes, fait pleuvoir sur nous toutes ses flèches
d'or. Et j'imagine que le dieu a dû être satis-
fait de ses modernes adorateurs qui, sous le
chaud soleil de midi, parmi l'aveuglante blancheur des marbres, ont gravi courageusement
les avenues de sa montagne sainte, sans sou-
pirer après les eaux fraîches et les verts om-
brages de Castalie.

Ce n'est point ici le lieu de dire longuement

ce qu'était jadis ce sanctuaire delphique et quelle en était l'incomparable splendeur, quand de tous les points du monde grec affluaient vers l'autel d'Apollon les hommages solennels et les pieuses offrandes, et qu'au pied du temple splendide, dressant sur la haute terrasse du mur polygonal sa silhouette blanche et fière, tout un peuple de marbre et de bronze se rangeait sur les pentes de la Voie Sacrée. Doriens et Ioniens, gens de Sparte et d'Athènes, d'Argos et de Thèbes, ceux de la lointaine Cyrène, de la lointaine Cnide, de la lointaine Marseille, les rois de l'asiatique Lydie et les tyrans de la grecque Syracuse, tous avaient tenu à honneur d'élever dans l'enceinte d'Apollon les monuments de leur orgueil, de leur puissance ou de leur piété. Tous les grands événements de l'histoire grecque avaient laissé ici leur trace et leur souvenir, les victoires glorieuses, Marathon, Salamine, Platées, gagnées en commun sur l'ennemi national, et les luttes fratricides, Leuctres, Ægospatamos, où s'était abîmée tour à tour la puissance de Sparte et d'Athènes. Pour honorer le dieu, les plus grands artistes de la Grèce, peintres ou sculpteurs, avaient épuisé ici, durant des siècles, l'effort de leur génie, et c'était une profusion de chefs-d'œuvre, fresques et statues, trépieds et bas-reliefs, bronzes à l'admirable patine verdâtre, figures étincelantes d'argent et d'or, où se résumait toute l'histoire de l'art grec, depuis ses tâtonnements obscurs jusqu'à son magnifique apogée, et qui faisait de cette métropole religieuse de l'hellénisme le plus merveilleux des musées.

Aujourd'hui, il faut l'avouer, on a quelque peine tout d'abord à retrouver l'image de cette splendeur évanouie. Vues d'en bas, de la route qui mène d'Itéa à Arachova, les ruines disent peu de chose, et cet amas confus de pierres étagé au penchant des collines semble présager une déception. Mais franchissez les portes de l'enceinte ; suivez les détours de cette voie sacrée aux dalles anciennes, qui gravit en lacets la pente de la montagne, entre des restes de monuments dont chacun a son histoire, portiques dont les blanches colonnes se détachent sur le fond doré du mur polygonal, soubassements de trésors qu'on pourrait presque entiers reconstruire, avec leur parure de sculptures naïves ou délicatement raffinées, dans tout l'éclat de leur polychromie nuançant la blancheur des marbres ; montez de terrasse en terrasse, jusqu'à cette vaste esplanade où, derrière le grand autel encore debout, s'allongent les substructions puissantes du grand temple, et plus haut, par l'escalier antique, jusqu'à ce théâtre charmant, dont les gradins intacts se courbent au flanc de la montagne, et où jadis, aux jours de fêtes solennelles, s'envolaient vers le ciel les strophes de l'hymne d'Apollon ; laissez-vous, chemin faisant, prendre au muet langage des ruines, à la prestigieuse magie des grands souvenirs ; et à mesure que vous gravirez les pentes, ces débris confus s'éclaireront de lumière, et vous en sentirez la secrète beauté. Il y a, au sommet du théâtre, un coin exquis entre tous : tout Delphes s'y découvre, avec le gigantesque escarpement des Phædriades blanches, où la brèche de Castalie met une fente mystérieuse et sombre, avec les pentes gazonnées qui descendent au profond ravin du Pleistos, avec le sauvage Kirphis qui ferme au sud l'horizon ; à vos pieds, presque aveuglant sous le chaud soleil qui l'éclaire, le champ de fouilles se dessine avec un saisissant relief ; et l'esprit se reporte sans effort au temps lointain où les processions déployaient sur la voie sacrée leurs pieuses théories, où dans le sanctuaire bâti par les Alcméonides avec une richesse jusque-là inconnue, la Pythie prophétisait, saisie du délire divin. Et l'illusion s'achève dans ce stade qui s'allonge au pied même des falaises, et où, comme au temps des anciens jeux Pythiques, les jeunes gens de Chrysso courent maintenant sous nos yeux et font lentement onduler les chœurs de danse ; et il y a comme un souvenir encore de la Grèce antique dans le discours, naturellement grandiloquent, dont le démarque de Chrysso salue ces « frères gaulois », dont les ancêtres aux longues moustaches tombantes vinrent jadis ici en habit de guerre et qui, aujourd'hui, en costume plus moderne — casque colonial ou culotte de bicycliste, — mais avec autant de curiosité et plus de respect peut-être, gravissent de nouveau la sainte montagne d'Apollon.

Dans le musée provisoire — hangar plutôt que musée, mais que remplacera bientôt un édifice mieux aménagé et plus vaste, dû à la libéralité d'un riche banquier grec, M. Syngros — s'entassent les œuvres d'art, précieuses ou rares, curieuses ou admirables, découvertes au courant des fouilles. Ce sont d'archaïques sculptures, dont les plus anciennes remontent au vie siècle, vieilles métopes en tuf du trésor de Sicyone, où déjà apparaissent de remarquables qualités d'animalier, métopes en marbre du trésor des Athéniens, où dans sa grâce un peu sèche l'art attique se révèle, tel qu'il était au lendemain de Marathon ; et c'est surtout cette frise du trésor de Cnide, d'un mouvement si pittoresque et si dramatique, d'une exécution déjà si savante et si fine, où Phidias lui-même n'a point dédaigné de chercher des inspirations pour la frise du Parthénon. Puis ce sont des statues très antiques, de

rustiques Apollons d'une rude et colossale
carrure, des figures d'animaux et de femmes
tombées des frontons du grand temple, des
Cariatides à la tunique relevée, qui font son-
ger à celles de l'Érechthéion ; et c'est encore
ce sphinx des Naxiens, jadis campé sur sa
haute colonne, et qui semble comme « un
lointain ancêtre du lion de Saint-Marc ». Mais
tout cela, quels qu'en soient l'intérêt et le mérite, c'est la part de l'archéologie, de l'érudition, de la curiosité ; les plus profanes, au
contraire, peuvent goûter et comprendre le
charme de ce groupe de danseuses qui tournent, élégantes et légères, autour d'une colonne aux feuilles éployées, le réalisme vigou-
reux et fort de l'athlète thessalien, la grâce
mélancolique et un peu molle de l'Antinoüs.
Mais ce qui passe tout, ce qui est la merveille
de Delphes, comme l'Hermès est la merveille
d'Olympie, c'est l'admirable bronze de l'*Aurige*, d'une attitude si tranquille et si fière,
d'une si grave et si sereine majesté ; et l'on ne
sait vraiment, en face de ce chef-d'œuvre authentique, ce qu'il faut louer davantage, la

perfection de l'art du bronzier qui a fondu cette incomparable figure, l'exquise patine verdâtre qui anime la statue de chatoyants reflets, l'eurythmie des longues draperies tombantes, la grâce simple et forte de la pose, le charme sérieux de l'expression, où l'émail des yeux met un éclair de vie, et la jeunesse surtout qui respire dans cette œuvre unique. Et c'est à elle que l'on va tout d'abord, et que l'on revient sans cesse, sans se lasser d'une contemplation où chaque regard découvre une nouvelle beauté; et à lui seul, l'*Aurige* vaudrait le voyage de Delphes; et bien plus que ce fameux hymne à Apollon, devenu célèbre en quelques semaines comme une mélodie d'un compositeur à la mode, il met une aigrette de gloire aux fouilles que la France a conduites sur l'emplacement du vieux sanctuaire d'Apollon.

Olympie, 13 avril.

Les Grecs disaient d'Olympie que c'était le plus beau site de la Grèce, et l'on comprend en effet que, dans leur âpre et rude pays de montagnes, ce paysage riant et paisible, cette large vallée fluviale encadrée de molles et verdoyantes collines aient eu pour eux un charme particulier. Pour nous, qui avons encore dans les yeux le décor grandiose de Delphes, nous reprocherions plutôt à Olympie de manquer un peu d'originalité et d'accent. Sous le ciel légèrement voilé de ce matin d'avril, la plaine verte où l'Alphée se joue en capricieux détours, les hauteurs à la ligne élégante, un peu indécise, que couronnent des bois épais de pins, d'oliviers et de chênes-verts, les prairies parsemées de fleurs, évoquent pour nous des aspects presque familiers. Et sans doute il y a bien de la grâce dans cette beauté tempérée et moyenne, et cet aimable et gracieux décor de grands arbres et d'eaux courantes a quelque chose en soi d'infiniment reposant et tranquille : mais tout cela est presque de chez nous ; et, n'étaient les grands champs d'asphodèles, qui mettent dans la campagne leur note originale et triste, n'étaient les bergers vlaques en longues casaques de laine blanche, qui poussent sur les routes leurs troupeaux de moutons, nous nous croirions bien loin de Grèce, dans ce petit train commode, presque rapide, qui en une heure à peine nous a conduits de Katakolo à Olympie.

A Olympie.

Et les ruines aussi ne produisent point l'impression profonde qu'hier nous éprouvions à Delphes. Sur le sol uni de l'Altis, les édifices se sont disposés avec plus de correction méthodique peut-être, avec moins de variété imprévue et pittoresque. Sans doute, il y a une réelle grandeur dans les substructions colossales de ce temple de Zeus, dont les hautes colonnes jonchent la plaine de leurs tambours disjoints, encore alignés tels que le tremblement de terre les a jadis abattus ; sans doute, une impression puissante se dégage de ce prodigieux chaos de pierres accumulées devant la façade orientale du temple, débris et témoins de ces monuments magnifiques, qui couvraient l'esplanade d'un peuple de statues ; et sans doute encore, il y a plaisir pour l'esprit à lire si nettement, comme sur un plan en relief, la topographie de cette encèinte sacrée, avec ses portes triomphales, ses innombrables autels, les portiques qui lui faisaient un cadre admirable et charmant, et les édifices qui, tout autour du sanctuaire, servaient à la préparation des jeux ou au logement des prêtres. Mais le terrain ne se prêtait point ici à ces combinaisons ingénieuses qui, à Delphes, disposaient les bâtiments en terrasses successives au flanc de la montagne ; et il semble bien que ces temples splendides alignés dans l'Altis se gê-

naient un peu et se masquaient parfois. Et
pourtant, tel est le prestige de ce grand nom
d'Olympie, et tant de gloire s'est d'ici envolée
à travers le monde, que nous nous oublions
longuement à rêver parmi les ruines éparses
dans la prairie verte, dans cette petite église
byzantine où demeure attaché le grand nom
de Phidias, à l'entrée de ce couloir voûté par
où pénétrait dans le stade le cortège pompeux
des athlètes et des juges, devant les débris
informes de cette piste illustre, dont l'amorce
seule a été déblayée, et qui, bien inférieure au
stade de Delphes en pittoresque beauté, semble cependant illuminée de tout le rayonnement des victoires olympiques. Et il y a un
coin charmant enfin à cet endroit où, au-dessus du vieux temple d'Héra, s'étageaient, sur la
pente boisée du mont Kronion, la terrasse des
Trésors et le château d'eau dû à la munificence
d'Hérode Atticus ; et combien le décor devait
être plus exquis encore, lorsque, sur le fond
verdoyant de la colline, les édifices anciens se
détachaient dans leur splendeur intacte, avec
leur parure de marbre ou leur couronnement

de terres cuites peintes, qui mettaient parmi
les arbres verts la joyeuse harmonie de leurs
vives couleurs.

Mais ce qui, plus que tout le reste, fait l'intérêt de la visite d'Olympie, ce sont les chefs-
d'œuvre découverts au courant des fouilles,
qui remplissent les salles élégantes et lumineuses du musée. Je ne saurais assez dire l'impression puissante et profonde qu'ont produite
en nous les sculptures qui jadis ornaient les
frontons du temple de Zeus. Certes, il est aisé
de critiquer, dans ces grands ensembles dé-
coratifs, les maladresses et les gaucheries d'une
composition qui aligne les figures comme à la
parade ou les dispose en groupements trop
exactement symétriques; il est facile de noter
les insuffisances d'une anatomie parfois trop
sommaire, les négligences et les incorrections
d'une exécution souvent trop rapide. Mais que
de rares qualités, en revanche, éclatent chez
ces maîtres anonymes, précurseurs inconnus
qui ont préparé l'évolution décisive d'où naî-
tra un Phidias ! Quelle observation aiguë et
intense de la vie, se traduisant en effets d'un

réalisme puissant et sincère ! Quelle variété et
quelle audace dans les attitudes, et quel mouvement dramatique et passionné ! Et dans les
têtes — car par une rare bonne fortune, la plu-
part de ces marbres nous offrent mieux que
des bustes décapités — dans ces figures de
femmes surtout du fronton occidental, quelle
grâce d'expression et quelle jeunesse, et quel
charme aristocratique et délicat ! Et c'est un
curieux mélange de qualités et de défauts, de
vieilles traditions archaïques et de hardiesses
toutes nouvelles, de négligence singulière et
de science profonde, une combinaison imprévue de qualités opposées, l'énergie presque
brutale, la grâce élégante et fine, toutes ces
choses dont l'union harmonieuse et parfaite
fera le génie d'un Phidias.

Et que dire de ces métopes où sont figurées
les travaux d'Hercule, et dont quelques-unes,
par la simplicité saisissante de la composition,
par la puissante sobriété de l'exécution, par la
vigoureuse ampleur de la facture, sont propre-
ment de purs chefs-d'œuvre ! Deux d'entre
elles, et non des moins belles, sont conservées

au Louvre, où elles ont été, voilà plus d'un demi-siècle, rapportées par l'expédition de Morée ; et l'on ne peut, dans cet admirable musée d'Olympie, évoquer sans un regret le souvenir de ces fouilles françaises, qui eussent pu, avec un peu plus de persévérance, un peu plus de chance aussi et de bonheur dans la direction des tranchées, donner à notre musée national et le reste des métopes, et les frontons du temple, lui donner surtout cette *Victoire* de Pæonios, qui s'envole en plein ciel d'un si fougueux élan et d'une allure si fière, et ce morceau presque unique, l'*Hermès* de Praxitèle, œuvre de jeunesse sans doute, mais œuvre authentique d'un grand maître. Devant cette statue précieuse, dont le marbre a gardé toute sa fleur, devant cette sculpture exquise, d'une élégance et d'une grâce sans pareilles, devant ce corps d'une souplesse juvénile, à la pose nonchalante, à la ligne onduleuse et flexible, devant ce souriant visage qu'ombragent des boucles de cheveux crépelés, les paroles sont inutiles et vaines. « Allez à Olympie, disait un ancien à propos du *Zeus Olympien* de Phidias, allez à Olympie, et considérez comme un malheur de mourir sans avoir vu ce chef-d'œuvre. » Devant les merveilles qu'enferme le musée d'Olympie, on serait tenté de répéter ces paroles : comme l'*Aurige* de Delphes, les marbres d'Olympie, les statues des frontons, la *Victoire* et l'*Hermès* valent à eux seuls le voyage ; il y a là un de ces endroits privilégiés — comme il y en a cinq ou six au monde — où l'on a la vision directe et charmante de la beauté antique.

Délos, 14 avril.

Hier au soir, au sortir de Katakolo, la mer, pour la première fois, nous a été moins clémente, et la houle de l'Ionienne a pratiqué des coupes sombres à la table du dîner. Mais, après le cap Malée, nous avons retrouvé l'Archipel très calme, et ce matin, sur les flots bleus où moutonnent de petites vagues blanches, entre les Cyclades rousses légèrement embrumées de vapeurs argentées, l'*Orénoque* nous a doucement conduits au mouillage de Délos.

Jadis, au temps où Délos était à la fois un des sanctuaires religieux les plus illustres et l'une des villes de commerce les plus florissantes de l'antiquité, au temps où, de tous les points du monde grec, affluaient vers l'autel d'Apollon les théories sacrées chargées de pieuses offrandes, l'île sainte offrait aux arrivants un spectacle magnifique et charmant. Le long de la mer, en avant des temples, une haute terrasse s'étendait, toute chargée de statues blanches, au-dessus desquelles se dressait, tenant en main son arc d'or, l'Apollon colossal consacré par la piété des Naxiens ; en arrière, sur le fond sombre du bois sacré plein d'oliviers et de lauriers, la ville sainte déployait le splendide décor de ses édifices innombrables, pittoresquement disposés autour de la maison de marbre du dieu. Au nord et au sud de l'enceinte sacrée, tout le long du rivage, la ville marchande mettait la ligne puissante de ses quais et de ses magasins, des portiques somptueux qui formaient ses docks et ses bazars, des vastes constructions qui servaient de bureaux à ses grandes compagnies commerciales. Et, plus haut, au flanc de la montagne, d'autres bâtiments s'étageaient jusqu'au sommet du Cynthe, les élégantes villas des riches armateurs, le gymnase et le théâtre, et les chapelles des dieux d'Égypte et de Syrie, auxquels les adorateurs ne manquaient point dans cette grande ville cosmopolite et populeuse, et d'autres sanctuaires encore, qui, jusqu'à la plus haute cime de l'île, entretenaient une animation joyeuse et un mouvement de vie.

Aujourd'hui, du point où l'*Orénoque* a jeté l'ancre, Délos ne présente plus qu'une ligne rocheuse, grise et désolée, et son aspect, après qu'on a débarqué, est peut-être plus sauvage encore. Le lac sacré, jadis encadré de somptueux édifices, de portiques et d'exèdres décorés de mosaïques et de statues, n'est plus qu'un étang saumâtre au milieu d'un chaos de ruines informes ; les lauriers sont coupés, les bois ont disparu, et du palmier célèbre qui ombragea la naissance d'Apollon il ne reste plus que le souvenir. Sur cette terre morte, comme frappée d'une malédiction, pas un village, pas une maison, pas un habitant ne rappelle les foules humaines qui jadis se pressèrent sur ces rivages ; sur la roche nue, à peine couverte par places d'une maigre végétation, seuls, des débris confus de monuments attestent les splendeurs disparues, et dans ce désert de pierres, le printemps lui-même a peine à mettre un sourire, à émailler de quelques fleurs de pourpre l'ombre mélancolique des marbres renversés.

Délos, plus encore que Delphes, est un domaine de l'École française d'Athènes. A la suite de M. Homolle, qui a fondé ici sa réputation scientifique en dégageant, par quatre campagnes décisives, la ville sainte d'Apollon des décombres où elle dormait, dix promotions d'Athéniens se sont succédé pour continuer l'œuvre entreprise, et avec un dévouement, une persévérance, une continuité dans l'effort qu'on ne saurait trop remarquer, elles ont reconstitué de toutes pièces la longue et curieuse histoire de Délos et de son temple. Sans doute, sur le terrain même, les profanes éprouvent quelque embarras à apprécier l'importance et les résultats de cette savante exploration. Il n'y a point ici de musée comme à Olympie ou à Delphes, et c'est à Athènes seulement que nous verrons les œuvres d'art découvertes dans l'île, et en particulier ces curieuses statues archaïques qui sont presque les plus anciens monuments de la plastique grecque. Puis, à Délos, l'histoire a profité des fouilles plus peut-être que l'archéologie : mais ces milliers d'inscriptions qui nous ont révélé le détail de l'administration d'un temple antique, maison de banque à la fois et musée, qui nous ont appris les florissantes destinées de cette opulente cité de commerce qui fut pendant quelques siècles, au centre de la mer des Cyclades, « le marché commun de la Grèce », tous ces documents précieux qui font vraiment revivre à nos yeux l'un des centres du mouvement religieux et commercial dans l'antiquité, *il faut les aller chercher dans les livres et les étudier avec un soin minutieux.* Ajoutez qu'on a fait à Délos beaucoup de besogne avec peu d'argent, qu'on a — et le

détail vaut d'être noté — dépensé en vingt
ans cinquante mille francs à peine sur cet immense champ de fouilles, et qu'on n'a guère
pu, à ce prix, faire la toilette des ruines. Et
c'est pour cela qu'on s'oriente avec quelque
peine et qu'on circule malaisément parmi les
tranchées profondes qui sillonnent le sol, les
amas de blocs entassés, les pierres glissantes
et branlantes, et qu'au milieu des hautes buttes
qui s'interposent entre les monuments explo-
rés, entre les murs de pierre sèche qui cou-
pent le terrain et qu'il faut escalader à chaque
pas, il est un peu difficile de prendre une vue
d'ensemble de ce qui reste de la cité sainte.
Pour en comprendre la grandeur passée, il
vaut mieux monter à ce théâtre adossé au
flanc de la colline, et d'où l'on découvre toute
l'enceinte des temples, toute la ville marchande, et la mer, et le port avec les restes de
ses jetées jalonnant les flots d'une ligne de
récifs noirs ; et il y a là aussi, sur les pentes de
la montagne, tout un quartier conservé plus
intact, avec ses larges places, ses rues encore
pavées de leurs dalles anciennes, ses maisons

élégantes ornées de mosaïques et de peintures,
toutes remplies autrefois de statues précieuses,
tout un coin enfin d'une Pompéi gréco-romaine,
qui rappelle la Pompéi campanienne et donne
une flatteuse et vivante image du luxe raffiné
des antiques Déliens. Et c'est surtout au sommet du Cynthe qu'il faut aller, au-dessus de
ce vieux temple primitif qui fut sans doute, à
Délos, le premier sanctuaire d'Apollon, sur
cette plate-forme étroite d'où l'on domine
Délos tout entière, et d'où l'on voit au loin,
rangées en cercle, selon l'expression d'un
ancien, comme un chœur d'adorateurs autour
de l'île sainte, les Cyclades semées sur la mer
bleue, Mykonos et Tinos, Syra, Paros et
Naxos, qui s'estompent dans un vaporeux
brouillard. Et déjà le vent du nord, qui souvent au soir se lève sur l'Égée, balaie d'un
souffle âpre la cime stérile où nous nous
oublions devant la beauté du spectacle, et il
soulève en longues crêtes blanches les vagues
sur la mer. Et il est grand temps de redescendre
au rivage ; dans l'étroit canal qui sépare la petite et la grande Délos, les larges barques à

voile qui nous ramènent au bord déploient leurs ailes blanches à la brise qui fraîchit ; et le vent nous guette au sortir du chenal, et ce soir encore le clapotis sec et dur des lames courtes de l'Archipel a dépeuplé la salle à manger et jeté sur le flanc les pèlerins fidèles et un peu las, qui reviennent de faire leurs dévotions à l'île sainte d'Apollon.

Mycènes, 15 avril.

Dans la fraîche et délicate lumière de ce matin d'avril, le fond du golfe de Nauplie est un enchantement pour les yeux. Au-dessus de la ville souriante et claire, le fort Palamède dessine la haute silhouette de ses casernes blanches et de ses remparts crénelés ; à l'entrée du port, le vieux château délabré et pittoresque, où le gouvernement grec loge le bourreau, semble, sur l'îlot rougeâtre qui le porte, un navire à l'ancre sur la mer tranquille ; au delà, s'étend à l'infini la plaine verdoyante et fertile, la plaine d'Argos « riche en chevaux », comme disait autrefois Homère, et au-dessus des molles collines qui bornent l'horizon lointain, les cimes neigeuses d'Achaïe mettent des blancheurs dans le ciel bleu.

En quelques minutes le train nous conduit à Argos. Un théâtre adossé au flanc de la montagne, une longue rue colorée et bruyante, pleine de boutiques et de pittoresques costumes, une citadelle franque aux tours massives qui, sur cette terre classique, évoque brusquement le souvenir du moyen-âge, c'est tout ce que nous avons vu d'Argos, et c'est, je crois, tout ce qu'on y peut voir. Et de nouveau le train nous reprend, et bientôt il nous dépose en pleins champs, à une station déserte qui, pompeusement, s'appelle du grand nom de Mycènes, mais qu'une petite heure de marche sépare de l'antique capitale d'Agamemnon ; et il faut, sous le soleil déjà chaud, cheminer sur la route poudreuse, à travers le morne paysage qui annonce la citadelle tragique des Atrides.

Au fond d'une gorge étroite, entre de hautes montagnes grises et dénudées qui renvoient brutalement l'ardente lumière du jour,

la vieille forteresse dresse ses murailles puissantes sur son roc solitaire, et tout de suite
on sent profondément l'impression de ce site
étrange et mélancolique. Aux abords de « la
ville morte », l'esprit évoque les souvenirs
fameux qui l'ont consacrée, souvenirs de
gloire et de richesse, souvenirs de haine aussi
et de sang, que l'épopée et la tragédie ont
accrochés à ses sombres remparts, et qui pa-
rent encore ce grandiose et triste décor d'une
immortelle poésie. Et l'on ne songe guère
ici aux parodies, burlesques ou spirituelles,
qui ont transformé en sujet d'opérette les sanglantes aventures de la famille des Pélopides :
Agamemnon et Clytemnestre, Oreste et Électre,
toutes ces douloureuses figures qu'a chantées
l'épopée, qu'a animées le génie des Sophocle
et des Euripide, prennent dans le cadre de
cette acropole, où chaque pas rappelle leur
dramatique mémoire, une intensité de vie et
une grandeur sans égale. Et la vieille légende
homérique revêt soudain une réalité d'histoire, en face de ces monuments colossaux,
muets témoins d'une civilisation évanouie,

devant ces tombes à coupole qui bordent la vallée déserte, devant ces remparts épais, aux blocs gigantesques, dressant fièrement leurs tours au bord des ravins escarpés, devant cette porte des Lions surtout, qui, par-dessus le lourd linteau de pierre, montre sur une plaque de basalte — comme un héraldique écusson des anciens princes de Mycènes — deux lionnes affrontées appuyant leurs pattes sur un autel. Et dans le demi-jour de la chambre circulaire que recouvre l'audacieuse coupole du trésor d'Atrée, dans la nuit sombre de la salle funéraire où quelque souverain puissant et inconnu a dormi son éternel sommeil, dans la chaude lumière de l'enceinte au double cercle de dalles, au fond de laquelle Schliemann a découvert les tombeaux magnifiques des vieux rois masqués d'or, Agamemnon cesse presque d'être une figure de légende ; et l'on a peine à ne point partager l'enthousiaste illusion d'un Schliemann, et l'on envie, à cour sûr, l'émotion rare et profonde qu'il éprouva quand, dans le sépulcre entr'ouvert, parmi le miroitement doré des diadèmes, des bijoux et des armes, il put croire, sous le masque d'or soulevé, avoir entrevu, avant qu'il ne se dissipât pour toujours, le visage même du roi des rois. Hélas! les morts illus-tres ensevelis sur l'Acropole de Mycènes ont gardé pour l'histoire le masque qu'ils portaient dans leur tombe, et la science ne peut souscrire aux ingénieux romans de Schliemann. Et qu'importe après tout! les monuments de Mycènes nous ont appris autre chose, et qui vaut mieux, à tout prendre, que la découverte des légendaires reliques d'Agamemnon. Ils nous ont révélé, par delà les horizons lointains de l'épopée homérique, toute une période inconnue de la civilisation hellénique; ils ont, dans ces siècles reculés, que seules de fabuleuses traditions nous faisaient connaître, introduit la clarté et la sûreté de la science; ils nous ont appris qu'il y a plus de trois mille ans, dans ces puissantes citadelles de l'Argolide, dans cette Mycènes surtout, qui en avait gardé le nom de « ville de l'or », des rois ont vécu, très puissants et très riches, qui ont rencontré, pour

servir leurs ambitions et leur luxe, des artistes originaux et créateurs. Par la mer toute
proche leur sont venues les leçons des vieilles
civilisations orientales, et c'est pourquoi il y
a tant d'importations étrangères dans leurs
tombes ; mais dans leur propre génie les
vieux maîtres mycéniens ont su trouver davantage encore, et l'architecte qui bâtissait
les châteaux-forts et les résidences princières,
le peintre qui en décorait les grandes salles
somptueuses, le sculpteur et l'orfèvre qui glo-
rifiaient les exploits du roi ou ciselaient pour
lui les poignards, les gobelets et les bijoux,
avaient l'imagination puissante et haute, la
main déjà ferme et sûre. Et voilà pourquoi
leurs ouvrages, malgré leur luxe un peu barbare, sont la préface véritable de l'art grec
classique... Et certes il est beau d'avoir recon-
quis ainsi huit ou dix siècles d'histoire évanouie ; et cependant, ce qui par-dessus tout
attire et émeut dans cette ville morte, c'est la
réalité qu'elle semble rendre aux héros de l'é-
popée ; et sans cesse on revient à l'esplanade
circulaire, où, dans l'ombre de la porte des

Lions, reposaient les rois bardés d'or, et, devant les tombes ouvertes, l'on essaie d'évoquer
l'exhumation splendide, telle qu'en un éclair de
vision géniale d'Annunzio l'a revue et racontée.

A Tirynthe, où nous nous arrêtons avant de
rentrer à Nauplie, il y a, comme à Mycènes,
une antique citadelle aux murailles colossales,
avec d'étroits escaliers ménagés dans l'épais-
seur des murs et des galeries souterraines
creusées dans l'intérieur des remparts. Et sur
le sommet de la colline qui domine au loin la
plaine, il y a un vieux palais, dont le plan se
lit nettement sur le sol, et qui complète de
façon curieuse le tableau de cette civilisation
disparue que Mycènes nous a révélée. Et de
nouveau, en face de ces constructions puissantes, devant ces blocs énormes qui pèsent
des milliers de kilogrammes, on sent toute la
grandeur de ces vieux rois achéens, qui ont
su mettre en mouvement des armées d'ou-
vriers et leur fournir, avec des moyens d'ac-
tion prodigieux, les ressources d'une richesse
inépuisable. Mais, dans le jour qui tombe,

bientôt les regards se détournent des ruines qui jonchent la terre vers l'admirable paysage qui se découvre sous le soleil couchant. Dans une gloire de lumière, Nauplie, les montagnes et la mer resplendissent d'un éclat doré et doux, dans l'air transparent et pur ; et dans cette beauté du ciel et des choses, de nouveau l'esprit évoque les grands souvenirs de l'antique tragédie. C'est le vieux palais mycénien de Tirynthe, reconstitué par la science d'un architecte érudit, qui a fourni à la Comédie-Française le décor où s'est jouée *Antigone ;* et sur la vieille acropole paisible, maintenant notre imagination redresse la façade renversée, et devant le vieux palais, il nous semble entendre la voix, et voir passer, dans la grâce fine de sa lente démarche, la svelte et charmante figure de l'exquise tragédienne qui a si poétiquement incarné l'Antigone de Sophocle.

Athènes, 16-17 avril.

De ce studieux voyage que nous venons de faire parmi les ruines, Athènes forme la con-

clusion naturelle et magnifique : Athènes où,
au lieu des monuments détruits que l'imagination reconstruit à grand'peine, les temples de
l'Acropole, debout dans leur blanche et sereine majesté, nous donneront l'impérissable
vision de la beauté antique ; Athènes, où des
musées admirables nous raconteront la longue
et glorieuse histoire de l'art grec, non point
par morceaux épars et fragmentaires, mais
tout entière, depuis les lointains obscurs de la
civilisation mycénienne jusqu'aux fragiles merveilles que modelèrent les maîtres de Tanagra.
Et c'est avec une impatience émue, quelque
chose de cette impatience qu'on éprouve à
l'approche de Jérusalem, que nous nous hâtons
du Pirée vers cette autre cité sainte, et que
nos yeux cherchent de loin, par-dessus les horizons bleus de la mer de Phalère, par-dessus
les oliviers gris de la plaine attique, la pure et
splendide silhouette du Parthénon.

On a dit trop souvent, et en trop bons ter-
mes, la profonde impression que produisent
les monuments de l'Acropole, pour qu'il soit
utile d'essayer ici de la traduire une fois de

plus. On peut bien, en face des édifices eux-
mêmes, dans la vibrante émotion que fait naître la vision directe de tant de beauté, trouver
les paroles qui conviennent à la grandeur simple des choses, et se laisser soulever tout naturellement au courant d'admiration muette
qu'on sent frémir tout autour de soi dans
l'âme des spectateurs. Mais je ne me sens
point, je l'avoue, l'envie ni le courage de com-
menter à distance, d'analyser à froid ces merveilles, « les seules choses parfaites, comme
dit Renan, qui aient jamais existé, qui existe-
ront jamais ». Aussi bien, ici les monuments
parlent d'eux-mêmes. Soit que, du pied de
l'Acropole, on voie, par-dessus les lourdes arcades de l'Odéon d'Hérode Atticus, le Parthénon dessiner sa ligne harmonieuse dans le
ciel ; soit que, des premières marches de l'escalier colossal qui monte aux Propylées, on lève
des yeux charmés vers ce temple exquis de la
Victoire sans ailes, qui met comme une fragile
et blanche couronne de marbre au front du
vieux bastion massif ; soit que, franchissant le
vaste et magnifique portique qui précède les

sanctuaires, on s'arrête, muet d'admiration, devant ces deux merveilles, le Parthénon, chef-d'œuvre de grandeur, l'Érechthéion, chef-d'œuvre de grâce et d'élégance ; soit que, du haut des terrasses de la citadelle, on laisse errer le regard sur ce théâtre de Bacchus, où les gradins intacts et les fauteuils sculptés semblent convier les visiteurs à quelque tragédie d'Eschyle ou de Sophocle ; partout, sous quelque aspect qu'on les contemple et à quelque heure du jour, l'œil découvre en ces monuments incomparables de nouvelles et plus séduisantes beautés : et l'on a dit — trop souvent aussi pour qu'il vaille la peine de la redire — la splendeur de ces couchers de soleil sur l'Acropole, quand, dans la gloire du jour qui finit, la mer de Salamine resplendit dans un miroitement d'or, et que, par delà les clairs horizons de la plaine attique, par delà les oliviers du bois sacré de Colone, une transparente vapeur teinte de lilas et de mauve les lignes nobles et pures du Pentélique et du Parnès.

Ce qu'il faut plutôt essayer d'évoquer, à côté

de la blanche Acropole de Périclès et de Phidias, c'est cette Acropole plus ancienne, cette Acropole polychrome de Pisistrate et de Solon, que les Perses de Xerxès ont vue et saccagée, et dont les curieux débris remplissent les salles du musée de l'Acropole. Au pied du Parthénon bâti par Pisistrate, et dont le fronton, conservé en partie, représentait la lutte d'Athéna contre les géants, autour des chapelles qui couvraient la colline et que décoraient de vieilles sculptures de tuf violemment enluminées de couleurs éclatantes, une forêt de sveltes colonnes peintes portait, sur des chapiteaux richement coloriés, tout un peuple de mystérieuses et séduisantes statues. C'étaient des figures de jeunes hommes à la tête élégante et fine, dont le visage imberbe a quelque chose du charme pénétrant des œuvres florentines; c'étaient des images de cavaliers, de sacrificateurs et de prêtres; c'étaient surtout ces statues de jeunes femmes, à la coiffure compliquée et savante, au coquet et luxueux ajustement, toutes chargées de bijoux, toutes peintes de vives couleurs, et dont le visage aux

yeux obliques, au mystérieux sourire, garde,
avec ses cheveux rougeâtres, ses prunelles
teintes de carmin, une expression singulière
et comme une flamme de vie. Et c'est une des
merveilles de ce musée de l'Acropole que l'é-
trange assemblée de ces élégantes de l'antique
Athènes, et l'on a peine à se détacher de ces
idoles fardées et peintes, d'un charme si raffiné, d'une saveur si inattendue ! Toute l'histoire de l'art attique primitif revit en ces ouvrages, depuis les premiers efforts des rudes
artistes indigènes qui taillèrent dans le calcaire
ces pittoresques figures de serpents et de
monstres, jusqu'au moment où, sous l'influence
des sculpteurs d'Ionie, les maîtres archaïques
d'Athènes s'élevèrent de progrès en progrès
jusqu'à des œuvres exquises de finesse et de
grâce. Certes, on ne saurait admirer assez, en
ce musée de l'Acropole, les fragments des
frontons et de la frise du Parthénon, les sou-
ples et charmantes figures qui décoraient jadis
la balustrade du temple de la Victoire Aptère :
il ne faut point oublier pourtant que ces chefs-
d'œuvre procèdent directement des ouvrages

qu'ont sculptés les vieux maîtres du vı^e siècle.
Et ce n'est pas le moindre résultat de la merveilleuse découverte faite, il y a quelques
années, sur ce sol de l'Acropole où Phidias
semblait n'avoir laissé place à nulle autre
gloire que la sienne, de nous avoir révélé, par
delà l'Athènes de Périclès, une autre Athènes
non moins éprise d'art et de beauté.

Dans les salles du Musée National — l'un
des plus admirables et des plus instructifs que
je connaisse, par le classement lumineux et
l'ordre méthodique qui ont présidé à l'arran-
gement de ses collections — s'aligne la longue
suite des marbres que les fouilles de ces dernières années ont remis au jour. Tout ce qu'ont
rendu Délos et le Ptoïon, Éleusis et Épidaure,
Rhamnonte et Mantinée, Lycosoura et Sparte,
tout ce qu'ont donné Mycènes et Tirynthe, et
Spata, et Vafio, et Dimini, tout ce qui est
venu des divers cantons de la Grèce, *les rustiques Apollons* de Théra et d'Orchomène, l'é-
légant Hermès d'Andros, le théâtral Neptune
de Milo, et les stèles funéraires où éclate toute

la grâce de l'art attique à son apogée, et les
vases où l'on retrouve comme un reflet de la
peinture antique, et les terres cuites élégantes
que modelèrent les coroplastes d'Ionie et de
Béotie, et les bronzes à la patine chatoyante
retrouvés à Olympie ou sur l'Acropole, toutes
les curiosités, toutes les merveilles de l'art
grec semblent réunies dans ces claires et spa-
cieuses galeries, comme pour attester la puissance créatrice et la charmante variété du
génie hellénique. Et nous avons refait ici en
esprit toutes les étapes de ces derniers jours,
devant les vieilles statues de Délos, devant les
admirables bronzes d'Olympie, devant le prodigieux amoncellement d'or qu'ont livré les
tombeaux de Mycènes. Et c'est peut-être la
merveille du Musée National, cette grande salle
mycénienne, dont la décoration s'inspire des
peintures qui ornaient les palais des rois préhis-
toriques et où revit, dans sa prodigieuse richesse, dans toute l'originalité de son génie,
cette civilisation vieille de plus de trois mille
ans, qui a laissé comme un resplendissement
d'or autour du nom de l'antique Mycènes. Et

l'on demeure saisi d'admiration devant les merveilles qu'ont créées ces vieux maîtres, vases
d'argent et d'or à la forme élégante, plaques
d'or ciselées à l'ornementation délicate, poignards à la lame incrustée d'émail et d'or, ceintures et diadèmes, colliers et bracelets d'or,
devant ces masques d'or qui couvraient dans la
tombe le visage des vieux princes achéens,
devant ces gobelets d'or surtout, d'une vérité
d'observation, d'une puissance de mouvement
et de vie, d'une habileté d'exécution vraiment
étonnantes. Et il faudrait, si l'on en avait le
temps, si la solennité de Pâques ne nous chas-
sait plus tôt qu'à l'ordinaire du musée à peine
entr'ouvert, passer ici de longues heures exquises dans la contemplation de ces chefs-d'œuvre, qui mettent comme une parure et une
gloire au front de la moderne Athènes. Et il
faudrait aussi, si l'on en avait le loisir, voir
le Théséion, et les gigantesques colonnes du
temple de Jupiter Olympien, et le stade fraî-
chement revêtu de marbre où l'on célébra il
y a deux ans les jeux Olympiques, et le cimetière paisible du Céramique, où, le long de la

Voie Sacrée, se dressent les antiques stèles
funéraires, et le Pnyx où tonna jadis l'élo-
quence des orateurs d'Athènes, et l'Agora,
toute bruissante autrefois d'une foule affairée
et bavarde; il faudrait aller encore, par ce chemin charmant qui serpente parmi les oliviers,
à ce monastère de Daphni, qui garde à la
courbe de ses coupoles une parure de vieilles
mosaïques byzantines, et plus loin, le long de
la mer de Salamine, à Éleusis, la cité des mys-
tères, où, en ces jours de fête, les jeunes filles
au costume pittoresque dansent en se tenant
la main les vieilles rondes nationales. Et surtout il ne faut point oublier la grâce de la moderne Athènes, de la ville ensoleillée et blanche, où l'approche de Pâques met aujourd'hui
une animation joyeuse. Dans les rues, des
bergers, de mine farouche et fière, poussent les
grands troupeaux de moutons, qui fourniront
demain aux tables athéniennes le traditionnel
agneau pascal ; et ce soir, de toutes les églises sortira, sur le coup de minuit, la procession
pieuse qui, parmi les coups de fusil et l'éclat
des boîtes d'artifice, promène par les rues

sombres la subite illumination des cierges et la lente psalmodie des chants sacrés célébrant Christ ressuscité.

A l'École française d'Athènes, 18 avril.

L'an dernier, à pareille époque, l'École d'Athènes devait célébrer le cinquantième anniversaire de sa fondation. Autour du plus ancien des instituts scientifiques établis en Grèce, le premier congrès international d'archéologie classique devait réunir, pour de fécondes discussions, l'élite des savants européens. La Comédie-Française, abandonnant la rue Richelieu pour les pentes de l'Acropole, devait, sur la scène historique du théâtre de Bacchus, éveiller les échos endormis des drames de Sophocle. Et nous nous réjouissions de voir, dans le concours de visiteurs et d'amis qui déjà s'annonçaient, dans la solennité simple et digne des fêtes qui se préparaient, l'École, après avoir été plus d'une fois à la peine, être, comme elle le méritait, à l'honneur. Les jeux de la politique et de la guerre sont venus cruellement traverser ces projets ; il a fallu ajourner d'un an le cinquantenaire, et aujourd'hui même, au lendemain des tristes événements qui ont si durement

L'École française d'Athènes

éprouvé ce pays, au moment où la Thessalie subit encore l'occupation ottomane, c'eût été mal reconnaître l'hospitalité que la Grèce nous offre, d'environner nos fêtes de trop de pompe et d'éclat. Pourtant, à ce jubilé ainsi réduit à de plus modestes proportions n'ont

manqué ni les sympathies venues de France,
ni le témoignage de la courtoisie hellénique,
ni les marques d'estime de l'Europe savante ;
et si la célébration du cinquantenaire a perdu
quelque chose de la splendeur rêvée, peut-
être a-t-elle gagné, en revanche, en cordiale
et affectueuse intimité.

Hier au soir, un bal très élégant réunis-
sait, dans les salons de M. Homolle, l'élite de
la colonie française, du monde diplomatique
et de la société athénienne, et les nombreux
voyageurs — trois ou quatre cents environ —
que le *Sénégal* et l'*Orénoque* ont amenés à
Athènes, amis inconnus de l'École, mais qui
en connaissent les titres de gloire et viennent
d'admirer, à Delphes et à Délos, les magnifiques conquêtes de sa féconde activité. Et l'on
est demeuré très tard dans l'hospitalière maison du Lycabette, si aimablement ouverte aux
visiteurs de passage que nous sommes, et où
la grâce exquise de l'accueil a mis, sur ce
petit coin de terre française, tout le charme
et toute la douceur de la patrie retrouvée.
Aujourd'hui, une cérémonie plus officielle et

plus grave nous ramène à l'École, pour l'inauguration du monument très simple qui rappellera ce cinquantième anniversaire. De très bonne heure, dans l'École pavoisée aux couleurs unies de la Grèce et de la France, dans le grand jardin verdoyant, d'habitude si paisible et si calme, c'est un va-et-vient d'habits noirs, d'uniformes chamarrés, de claires toilettes ; dans la bibliothèque, où les livres disparaissent sous les draperies et les tentures, des députations viennent porter à M. Homolle des félicitations et des vœux ; sur la terrasse, où les blancs moulages de l'*Athlète* et de l'*Antinoüs*, du *Diadumène* de Délos et de l'*Aurige* de Delphes rappellent les fouilles récentes et glorieuses, des marins français en grande tenue font la haie ; par une attention délicate, l'amiral Pottier a envoyé au Pirée, pour prendre part aux fêtes, l'un des bâtiments de sa division, et s'est fait personnellement représenter par son très aimable chef d'état-major. Voilà onze heures bientôt, et le flot des invités augmente, et c'est, dans le décor gracieux de ce matin de fête, un joli et

pittoresque chatoiement de broderies diplo-
matiques, de palmes vertes d'Institut, de dé-
corations et d'aiguillettes, d'élégances féminines qui mettent une note claire et joyeuse
parmi les uniformes sombres et les habits
noirs. Tout à coup, dans la foule qui se presse
aux portes de l'École, un mouvement se pro-
duit; sur la terrasse, les clairons de nos marins
sonnent aux champs sur le rythme familier,
et un peu émouvant ici, de nos sonneries
françaises; des musiques attaquent la marche
royale : c'est l'arrivée du roi Georges qui,
accompagné des princes et des ministres, a
bien voulu honorer de sa présence la fête du
cinquantenaire. Avec le cérémonial que pres-
crit le protocole, le cortège se dirige vers la
grande salle toute pleine déjà d'une foule
élégante, où l'élite du monde savant et de la
société d'Athènes, les directeurs des instituts
étrangers, les chefs des missions diplomati-
ques, les représentants du gouvernement et
du parlement grecs se mêlent en une commune pensée de sympathie et d'estime pour
l'École française. C'est l'heure des discours,

qui ne sauraient manquer en une telle cérémonie, mais qui ont eu cette fois ce double
mérite, d'être courts et d'être excellents. Soit
que, au nom du gouvernement de la République, le ministre de France à Athènes,
M. d'Ormesson, ait dit les services éminents
de l'École et les liens traditionnels d'amitié
qui, depuis ses origines, l'unissent à la léga-
tion ; soit qu'au nom du gouvernement hellénique le directeur général des antiquités,
M. Cavvadias, ait rappelé tant de fouilles glorieuses qui, depuis les découvertes de Beulé
à l'Acropole, n'ont point cessé d'enrichir le
patrimoine artistique de la Grèce ; soit que
M. Doerpfeld, au nom des écoles étrangères
établies à Athènes sur le modèle de la nôtre,
soit que M. Maxime Collignon, au nom de
l'Institut de France, aient apporté à l'École le
tribut de leurs félicitations et de leurs vœux,
tous les orateurs ont mérité une large et légi-
time part d'applaudissements ; et plus que
tous, M. Homolle, quand, dans un magistral
discours, d'une sobriété élégante et forte, il a
résumé, sans vaine ostentation comme sans

fausse modestie, l'œuvre immense et multiple accomplie par l'École en ce demi-siècle, sous les cinq directeurs qui, successivement, présidèrent à ses destinées, et montré, après ce qui a été fait dans le passé, tout ce que l'École se réserve et se flatte de faire dans l'avenir.

Et maintenant, sur la terrasse où nous sommes revenus, au son des musiques qui, tour à tour, jouent l'hymme national grec et la *Marseillaise*, on fait tomber

M. Homolle présentant au roi Georges la stèle du cinquantenaire.

les voiles qui enveloppent le monument du cinquantenaire, deux stèles toutes simples, où de brèves inscriptions rappellent la fondation de l'École et son jubilé, mais où, sur la blancheur du marbre, se détache en un rayonnement d'or l'admirable médaille que Roty a gravée pour ce cinquantième anniversaire. D'un

côté, dans une tranchée de fouilles, parmi des
vases antiques et des soubassements de temple,
une jeune fille tient en main une statuette fraî-
chement sortie de terre ; dans le fond, des coupoles byzantines montent dans le ciel, et on
lit en exergue cette devise : « Pour la science,
pour la patrie. » Sur l'autre face, une simple
et délicate palme verte traverse le champ de
la médaille, avec ces deux dates : 1846-1898
et les noms des cinq directeurs, Daveluy, Bur-
nouf, Dumont, Foucart, Homolle ; au-dessus,
une silhouette de l'Acropole ; en bas, une vue
des bâtiments de l'École : et c'est, en une
exquise œuvre d'art, le résumé de cinquante
ans d'histoire et de persévérants efforts, le
souvenir des découvertes fameuses, des savantes explorations, qui à l'étude de la Grèce
païenne ont uni l'étude de Byzance chrétienne,
et c'est en une allégorie charmante, la vision
de la Science retrouvant la Beauté... Puis,
devant le monument tout neuf qui étincelle
au grand soleil de midi, un dernier échange
de compliments et de félicitations, quelques
présentations qui, par une gracieuse attention

de M. d'Ormesson, donnent à plusieurs d'entre nous l'honneur d'un instant d'entretien royal : et la fête est finie, presque trop brève. Et déjà il faut penser au départ, à l'*Orénoque* qui lève l'ancre ce soir, il faut quitter en hâte cette Athènes adorable, dont nous n'avons fait qu'entrevoir la beauté, sans pouvoir l'épuiser. Encore un coup d'œil jeté sur cette Acropole incomparable, comme pour en cueillir en un suprême regard toute la fleur de perfection, et il faut redescendre au Pirée, avec le regret des heures trop courtes et trop rapides, avec une sincère et profonde reconnaissance aussi pour tous ceux qui nous ont fait accueil : pour nos amis athéniens, dont l'hospitalité nous fut si cordiale, pour le très aimable ministre de France, qui veut bien nous porter à bord un dernier témoignage de sa courtoise bienveillance, pour cette École d'Athènes surtout, où plusieurs d'entre nous ont, dans la maison familière qui fut jadis la leur, retrouvé avec une émotion véritable de chers et anciens souvenirs, où tous, hôtes de passage et amis de vieille date, nous avons rencontré la grâce

simple et charmante d'une cordiale bienvenue, et compris qu'il y avait là, entre les
mains de l'homme éminent qui a le souci de
ses destinées, un coin de France qui va bien.

Au mont Athos, 19 avril.

De grand matin, dans le ciel pâle, une haute
pyramide de montagne s'élève à l'horizon,
puissante masse grise où, dans les ravins de la
cime, de longues coulées de neige mettent une
note blanche : c'est l'Athos, la sainte montagne des moines, l'une des plus extraordinaires
choses de cet Orient si fertile en merveilles,
l'une des grandes curiosités aussi de ce voyage,
si fertile en contrastes, qui hier nous prosternait
aux grands sanctuaires de la Grèce païenne, et
nous fait aujourd'hui pénétrer au cœur même
du christianisme byzantin. Demain, à Constantinople, Sainte-Sophie et l'Hippodrome, le
palais et les murs nous diront le luxe et la
grandeur de cette Byzance, qui fut vraiment
le Paris du moyen âge, de cette Byzance tout
ensemble raffinée et tragique, voluptueuse et

guerrière ; ici, dans la sainte presqu'île, toute peuplée de vieux couvents sombres, revit un autre aspect de cette civilisation morte, la Byzance dévote et mystique, avec ses figures étranges de solitaires et d'ascètes, avec les curieuses splendeurs aussi de l'art religieux qu'elle a créé. Et déjà, au flanc des hautes falaises abruptes qui forment la pointe extrême de l'Athos, des ermitages isolés apparaissent, retraites presque inaccessibles et d'une particulière sainteté ; et plus loin, au-dessus des golfes tranquilles où la mer profonde prend des tons d'indigo, les premiers monastères se détachent sur le fond des grandes forêts de pins, Saint-Paul, Saint-Denis, Simopetra, pittoresquement accrochés aux saillies de la montagne, et qui, dans leur étroit corselet de murailles rougeâtres, avec leur couronne de tours crénelées, semblent moins des cloîtres que des citadelles féodales. Aujourd'hui, sans doute, au sommet des vieux remparts devenus inutiles, les moines ont suspendu des belvédères et des terrasses ; de légers balcons de bois remplacent les chemins de ronde disparus, et

en dehors de l'enceinte fortifiée, des maisons
plus modernes commencent à se construire.
Sans doute aussi, les hommes ont changé
comme les choses : la foi vivace et profonde,
qui jadis peupla d'âmes de choix les solitudes
de la Sainte-Montagne, a fait place à des préoc-
cupations plus mesquines et plus humaines.
Il n'importe. Dans cet admirable décor de
nature qui, lui, n'a point changé, dans ce
monde monastique d'une couleur si étrange et
si inattendue, ces disparates légers frappent
peu. Quand on franchit les portes aux voûtes
sombres, aux détours compliqués comme des
abords de forteresses ; quand, dans les cours
silencieuses, dans l'ombre des coupoles byzantines, on voit errer le peuple des moines aux
robes noires, aux longs cheveux de femmes
tombant sous le haut bonnet noir ; quand on
entre dans ces églises où, sous le demi-jour
mystérieux, de longs cycles de fresques pâlies
se déroulent parmi l'étincellement des lustres
et des cierges ; quand on visite ces villages aux
maisons souriantes, mais où ne s'entend ni
une voix de femme, ni un cri d'enfant, tout un

monde disparu s'éveille des lointains de l'histoire, le temps où cette étrange république
monastique était la manifestation naturelle des
sentiments d'une époque, le temps où les princes de l'Orient chrétien, empereurs de Constantinople et de Trébizonde, tsars de Serbie et
de Bulgarie s'empressaient à l'enrichir de fon-
dations pieuses et de splendides donations, le
temps où l'attrait du cloître courbait sous la
loi de l'Athos les têtes les plus hautes et exer-
çait jusque sur l'âme des princes son invincible
séduction. Et d'ailleurs ne dure-t-elle point
toujours, cette loi sévère de l'Athos, qui donne
à ce coin de terre une physionomie spéciale,
et qui, interdisant aux femmes l'accès du saint
territoire, empêchera nos aimables compagnes
de voyage d'en voir, autrement que de loin,
les curieuses merveilles ? Loi austère, qui pèse
lourdement sur le pauvre diable de pacha turc,
représentant à l'Athos du gouvernement impérial, et qui monte à bord, tout heureux de
revoir de gracieux visages et de faire la roue
devant nos passagères ; loi surannée pourtant,
et dont les moines s'entendent à tempérer la

rigueur : si la Sainte-Montagne demeure stricte-
ment close aux élégances féminines, ses habi-
tants en revanche ne craignent guère de venir
sur l'*Orénoque* en affronter les tentations.

Dans la lutte de races et d'influences qui
trouble profondément aujourd'hui le calme
séculaire des couvents de l'Athos, le monastère russe de Saint-Pantéléimon — Rossikon,
comme on dit plus brièvement — tient une
place considérable et significative. Et rien qu'à
le voir de loin, étageant au flanc de la colline
l'énorme masse de ses grands bâtiments blancs,
que domine une forêt de coupoles rouges et
vertes, on devine là une force avec laquelle il
faut compter. A mesure qu'on approche, l'impression se précise : ce n'est plus ici le vieux
couvent féodal, aux murailles pittoresques et
croulantes, paré de donjons crénelés et d'inutiles remparts ; ces énormes bâtisses neuves,
aux façades toutes modernes, ont moins l'aspect d'un cloître que d'une vaste caserne. Et
c'est une armée en effet qui l'habite, une armée
de huit ou neuf cents moines, armée discipli-

née et docile, qu'on sent soumise à une auto-
torité toute-puissante. Et nous-mêmes, à peine
débarqués, nous sommes en quelque façon
saisis par cette discipline toute militaire : on
nous masse, on nous range, presque par files,
et le long des rampes qui de la mer montent
au monastère, entre deux haies noires de moines, processionnellement on nous conduit. A
la porte principale, l'archimandrite — fine et
intelligente figure — nous attend très grave,
entouré des hauts dignitaires du couvent ; et
tandis que les présentations se font et que les
compliments de bienvenue s'échangent — avec
des gestes d'autant plus cordiaux que nous
savons mal le russe et nos hôtes peu le français, — les cloches sonnent à toute volée à tous
les clochers du monastère ; et dans ce bruis-
sement de sons, grêles ou sonores, qui semblent tomber de partout et nous enveloppent
d'une vibrante harmonie, lentement, derrière
l'archimandrite, nous montons à l'église, et
assis dans les stalles du chœur, sous les grands
lustres de cuivre ornés d'aigles byzantines, devant l'iconostase surchargé de dorures, nous

assistons à un office solennel. Puis, à travers
une cour charmante, où le jet d'eau de la fontaine sainte met son frais murmure, on nous
mène au réfectoire, et d'étage en étage, à une
autre église encore, où d'autres chants religieux nous saluent, ces chants russes d'une si
simple et si puissante beauté, et par le dédale
des couloirs et des hautes terrasses, à un salon d'apparat, où des rafraîchissements nous
attendent et à une vaste salle enfin, où la
table est mise et le déjeuner servi. Est-ce
courtoisie d'hôtes empressés à nous faire accueil, ou désir de mettre par notre séjour quelque distraction dans la monotonie de la vie
coutumière, ou encore malice de moines, qui
voudraient nous empêcher de visiter les couvents de langue grecque et garder pour Rossikon le monopole et le prestige de notre visite? Dans les efforts qu'on fait pour nous
retenir, il entre un peu de tous ces sentiments.
Et sans doute, des balcons de la haute salle,
la vue est charmante sur le monastère étalé à
nos pieds, avec les dômes rouges et verts des
églises que couronnent des croix d'or, avec la

mer toute bleue sous le grand soleil de midi,
et le cadre merveilleux des forêts prochaines,
où les arbres de Judée mettent des tons mauves sur le vert sombre. Mais tout cela, c'est
l'Athos moderne, trop neuf, un peu banal en
somme. Et nous pressons le déjeuner avec
une hâte peut-être discourtoise et nous par-
tons, les bras chargés de chapelets et d'icones,
que nos hôtes de Rossikon nous obligent d'ac-
cepter en souvenir d'eux. Et tandis que de
nouveau les cloches sonnent à toute volée,
nous regagnons le bord dans les barques que
manœuvrent de noires équipes de moines, re-
connaissants, confus presque d'une réception
si cordiale et si chaleureuse, très frappés aussi
de cette richesse et de cette force russes, nées
d'hier à l'Athos et déjà toutes-puissantes. Et
nous prenons congé de nos hôtes, désolés de
notre visite trop brève et qui auraient voulu
nous porter à bord d'autres cadeaux encore,
et de nouveau nous passons devant les vieux
couvents de la côte occidentale, devant les
saints ermitages de la pointe, devant les villages monastiques aux maisons éparpillées sur

les pentes vertes de la montagne, et tout à coup l'*Orénoque* double les dernières falaises de l'Athos, et le vieux monastère de Lavra apparaît, haut perché au-dessus des flots, avec son pittoresque décor de remparts et de fortes tours crénelées.

En face du moderne Rossikon, Lavra fait un saisissant contraste. C'est le plus ancien des couvents de la Sainte-Montagne ; c'en a été longtemps un des plus illustres et des plus peuplés ; et bien qu'il soit aujourd'hui un peu déchu de son antique splendeur, bien qu'au lieu des sept ou huit cents moines qui l'habitaient naguère, il ne compte plus que cent cinquante caloyers à peine, il doit au prestige de ses origines lointaines, au grand nom de saint Athanase son fondateur, un attrait tout particulier, et surtout il garde le charme pénétrant et exquis des choses anciennes un peu étranges et surannées. Pour nous recevoir, les vieux moines grecs, à la longue barbe blanche, au calme et souriant visage, n'ont point déployé les pompes qui nous ont accueillis à Rossikon ;

mais dans l'église ancienne, devant l'iconostase, ils ont disposé les plus précieuses orfèvreries de leur riche trésor, les splendides re-

Au couvent de Lavra.

liquaires rehaussés d'émaux et de pierreries
que les pieux empereurs du xe siècle, les Ni-
céphore Phocas, les Jean Tzimiscès, donnèrent
jadis au monastère ; dans la bibliothèque ils
ont exposé les manuscrits antiques aux curieuses miniatures ; et par cette lumineuse

après-midi le décor est charmant, dans la
vaste cour ombragée de chênes et de grands
cyprès sombres, où, sous le petit dôme byzantin qui la couvre, la fontaine sacrée met un
bruit d'eau jaillissante, où un clair carillon
égrène pour nous saluer ses notes légères,
comme fêlées par les siècles. Et ce sont, à
chaque détour, des aspects très anciens, vieux
escaliers branlants qui montent sous des auvents de bois, vieilles balustrades tremblantes,
et par-dessus les coupoles des chapelles éparses dans la cour, des silhouettes de vieux remparts et de tours crénelées s'enlevant en vi-
gueur sur la verte montagne toute prochaine.
Et l'art ancien de la Sainte-Montagne, l'art
byzantin du temps des Paléologues apparaît
tout entier dans ces longues séries de fresques
aux tons pâlis, qui couvrent les parois et les
voûtes des églises, vieilles peintures où l'on
sent encore, sous la symétrie de la disposition,
sous l'immobilité un peu hiératique des for-
mes, les traditions d'une grande école de décoration, vieilles peintures naïves et savantes
tout ensemble, qui résument de longs siècles

d’histoire. Et il faudrait s’arrêter longuement devant ces fresques du xive siècle, qui décorent la chapelle de saint Étienne, ou devant ces autres — plus curieuses encore et à peine moins antiques — qui couvrent d’une si originale parure les murailles du vaste réfectoire. Mais le temps presse, l’*Orénoque* nous rappelle à grands coups de sirène et il faut partir, après un dernier regard jeté sur le couvent, après un dernier arrêt à l’exquis belvédère, d’où la vue est si belle sur l’horizon largement ouvert de la mer étincelante ; et nous franchissons, presque à regret, la porte sévère et sombre que domine l’image de la Vierge protectrice, et lentement nous descendons le chemin fleuri, tout bordé d’arbres verts et de haies vives, qui mène au petit port tranquille, où un vieux donjon crénelé se mire dans les eaux bleues.

Et maintenant d’autres couvents défilent : Iviron, assis au bord des flots et tout ceinturé de remparts ; Pantocrator, où des coupoles rouges jaillissent comme de grandes fleurs de pourpre au-dessus des murailles, et sur les pentes de la montagne, parmi les grands bois de pins, des ermitages solitaires et souriants. Et déjà le soir tombe quand nous mouillons devant Vatopédi ; et dans cette fin du jour, l'impression est profonde, presque solennelle, de cette entrée dans l'antique monastère, au son des cloches sonnant à toutes volées, au bruit des carillons égrenant leurs arpèges, dans un enveloppement de vibrations que la grande paix du soir fait plus sonores, et où sur les basses profondes la *simandra* de bronze, heurtée à grands coups de marteau, jette parfois des notes stridentes et claires. Et l'effet est plus saisissant encore dans l'église déjà obscure, où les cierges mettent une lumière incertaine et vacillante : dans le demi-jour mystérieux, des reflets s'allument aux grands lustres de cuivre ; des éclairs brillent aux dorures des orfèvreries et des icones ; sur les murailles décorées de peintures et de mosaïques anciennes, des figures, apparues au bout d'un cierge, sortent brusquement de la pénombre, étranges, presque vivantes sous cet éclairage imprévu, et puis brusquement rentrent dans la nuit ; et des étoffes somptueuses, exposées derrière l'iconostase, prennent dans le jour qui tombe des reflets chatoyants et tendres ; et il fait bon s'oublier là, dans les hautes stalles du chœur, dans le calme de l'église sombre, toute pleine de la poésie du passé. Et la réception n'est pas moins somptueuse, pas moins cordiale dans le couvent grec de Vatopédi que dans le monastère russe de Rossikon : dans le grand salon de l'higoumène, où s'alignent, en une hiérarchie qui serait piquante à étudier, les portraits des souverains passés ou présents d'Europe, depuis le sultan et le tzar jusqu'à Casimir-Perier et Félix Faure, les rafraîchissements circulent et les cadeaux nous comblent, et l'on voudrait nous retenir davantage, nous garder jusqu'à demain matin : mais cette fois encore le temps presse et nous devons partir, emportant le regret de la visite trop brève, de la vision entrevue à peine de ce monde monastique d'autrefois. Et maintenant, dans la cour déserte et silencieuse, que déjà l'ombre envahit, le vieil Athos mort semble pour un moment revivre : dans la nuit grandissante, les tons trop modernes s'effacent, les églises aux coupoles aériennes, les hauts clochers grisâtres, les fortes tours crénelées ont un aspect ancien, et dans la brume légère qui l'enveloppe, l'antique couvent, dont les lourdes portes se referment derrière nous à l'heure du couvre-feu, reprend sa physionomie des temps passés, toute sa grâce pittoresque et curieuse, toute sa poésie charmante et surannée de vieux monastère byzantin du moyen âge.

Troie, 20 avril.

Après Mycènes et Tirynthe, après Delphes surtout et Olympie, Troie, il faut bien l'avouer, offre moins d'intérêt et d'attrait. Pour démêler parmi ces ruines confuses, enterrées au fond des tranchées profondes, les débris des villes successives qui couronnèrent la colline d'Hissarlik, il faut des yeux plus experts que ceux des profanes ; et vainement notre imagination s'épuise à redresser dans leur majesté abolie les fières murailles — pourtant encore debout par places — qui retinrent pendant dix ans toutes les forces de la Grèce assemblée. Et l'archéologie a beau démontrer que ce sont bien ici « les champs où fut Troie » : dans les tragiques citadelles de l'Argolide, sans peine l'esprit évoquait les sanglantes et dramatiques figures des Agamemnon, des Clytemnestre, des Oreste ; ici, la prestigieuse magie d'un grand nom ne suffit point à réveiller la mémoire de Priam et d'Hector, à faire flotter au-dessus de la plaine où coulent le Simoïs et le Scamandre les légers et gracieux fantômes d'Andromaque et d'Hélène. Sur la butte éventrée d'Hissarlik, un souvenir cependant s'impose, mais plus moderne : celui de ce Schliemann, que l'ardente passion d'Homère a conduit dans tous les sites chantés par l'épopée, et dont l'effort, parfois trop enthousiaste peut-être, mais si beau de ténacité et de désintéressement, nous a rendu, par delà les brumes obscures qui enveloppaient les origines de la Grèce, près de dix siècles d'histoire évanouie. C'est ici, il y a bien des années, qu'il a fait ses premières armes dans la carrière, si pénible et si séduisante à la fois, de l'archéologie militante ; c'est ici, par une attraction invincible, qu'il est revenu conduire sa suprême campagne de fouilles : avec quelle ardeur de foi, avec quelle curiosité infatigable, ceux-là le savent qui ont vécu dans son entourage intime ; et nul ne nous l'aurait pu dire mieux que la charmante jeune femme qui, venue avec nous, comme en un pieux pèlerinage, aux lieux où plus d'une fois elle avait jadis accompagné son père, faisait sur la colline de Troie revivre le nom d'Andromaque.

A défaut des grands souvenirs que nous cherchions à Hissarlik, le hasard compensateur nous a donné d'autres choses. Sur la plage de Koum-Kaleh, où nous avions pris terre, c'était un beau spectacle de voir notre caravane se former pour la route : sur les chevaux peu harnachés, à la haute selle de bois très rugueuse, sur les petits ânes pacifiques et doux, dans les lentes arabas traînées de bœufs, et qui jamais ne connurent de ressorts, chacun s'installait au gré de ses aptitudes et de ses goûts ; et par les rues du petit village turc, toutes pleines d'une population un peu sur-

prise, par les chemins mal pavés qu'on aban-
donne vite pour suivre la piste en plein champ,
sur les vieux ponts branlants qu'on délaisse
pour traverser plus sûrement la rivière à gué,
parmi les cris des conducteurs, les effarements
des bêtes, les brusques emballements des cavaliers, notre cortège, précédé de quelques
soldats en armes, s'acheminait — très pittoresque — vers Hissarlik. Et si nous ne vîmes
point, même en rêve, les guerriers aux armes
éclatantes, ni les vieillards qui, assis sur les
remparts, regardaient avec complaisance passer l'élégance d'Hélène, nous avons du moins,
autour des tables en plein vent du déjeuner,
vu passer l'amusant décor et le pittoresque
bariolage d'une foule musulmane, les danses
qui se déroulent au son de ces musiques tur-
ques un peu sauvages, mais si prenantes dans
leur courte phrase inachevée, les chameaux
agenouillés qui crient bruyamment ou gravement se promènent, portant sur leur dos
nos élégantes compagnes de route — admirable tableau à tirer en photographie — et
les montreurs d'ours et les vendeurs de ta-

pis, et toute la vie rustique de l'Orient. Et
ce coin d'Asie entrevu vaut bien après tout
la leçon d'histoire que peuvent donner les
ruines ; n'éveille-t-il pas, lui aussi, des souvenirs d'époques lointaines, presque disparues,
d'existences nomades et primitives, de courses
errantes et libres, de longues chevauchées à
travers les hauts plateaux herbeux d'Anatolie,
tout le cadre enfin du primitif Islam évoqué,
par un étrange contraste et bien inattendu, au
pied de la colline où fut Troie ?

Constantinople, 21 avril.

De grand matin, d'un bout à l'autre de
l'*Orénoque*, la cloche sonne bruyamment le
réveil. Toute la nuit, le navire a ralenti sa
marche, pour nous donner l'incomparable
spectacle de Constantinople au soleil levant ;
et en effet, dans les premières clartés du jour,
le merveilleux panorama se déroule, qui, des
Sept-Tours à la pointe du Sérail, étage sur les
collines de Stamboul les coupoles bleuâtres
des mosquées et la pointe aiguë des minarets

blancs. Mais bientôt, avec le soleil, la brume aussi se lève sur Marmara, brume légère, dorée, vaporeuse, où Stamboul s'enveloppe comme une ville de rêve. Et ce n'est plus, sans doute, la magnificence splendide des arrivées classiques, où, sous le ciel clair, Byzance déploie toutes ses séductions et toutes ses gloires ; cependant, ce paysage imprécis, comme irréel, où, seules, dans la gaze du brouillard, les grandes lignes accidentées se dessinent, garde un charme étrange et pénétrant, comme de quelque cité fantastique et mystérieuse, si légère qu'il suffirait, ce semble, pour la faire évanouir, d'un souffle de brise ou d'un rayon de soleil.

Brusquement les rideaux d'ouate blanche se déchirent, l'*Orénoque,* qui stoppait, se remet en route, et dans la lumière renaissante se déroule la féerie enchanteresse du Bosphore. Voici, sur la côte d'Asie, Scutari avec ses façades multicolores et les noirs cyprès de son grand cimetière, et sur la côte d'Europe, baignant dans les flots bleus leurs blanches façades de marbre, les palais compliqués et somptueux où s'amusa la fantaisie coûteuse des derniers sultans. Et le long des rivages, parmi la verdure toute neuve des prairies et des grands arbres, les villages succèdent aux villages, avec leurs pittoresques petites maisons de bois qui capricieusement escaladent les pentes, avec leurs *yalis* élégants et dorés, où s'abritent les loisirs, où se cachent les disgrâces des grands seigneurs ottomans, avec leurs villas à l'europénne, hélas! qui mettent dans l'exquis décor oriental leur note moderne et banale. Voici, au point où le passage s'étrangle, le château d'Europe et ses vieilles tours féodales, qu'éleva jadis la puissante volonté d'un Mahomet II; et maintenant le lac paisible qu'était le Bosphore s'élargit aux proportions d'une mer; la côte d'Asie se fait plus déserte, plus sauvage; sur la côte d'Europe, Thérapia, Bouyoukdéré mettent une dernière élégance et un dernier sourire; et déjà un vent froid se lève qui vient de la mer Noire, et sous ce souffle glacé du nord, l'eau agitée clapote et s'émeut. Et nous retournons vers le Bosphore bleu, qui s'anime maintenant de l'incessant

mouvement des bateaux et des barques, vers
le chaud soleil, qui flamboie au zénith et voile
presque les horizons de son ardente poussière
d'or, vers Constantinople pleine de promesses
et d'attraits, qui dresse au-dessus des brumes
de la Corne-d'Or la ligne sinueuse et charmante de ses coupoles et de ses minarets ; et
dès le mouillage, comme en un saisissant rac-
courci, toute la variété, tous les contrastes de
cette complexe capitale ottomane éclatent en
ce point où l'*Orénoque* s'amarre, entre ce quai
de Galata plein de bruit et de cafés-concerts,
banlieue banale d'une grande ville quelconque,
et sur l'autre rive la pointe du Sérail, où parmi
les jardins pleins de silence et d'ombre, se
cache une ville blanche de kiosques et de palais, tandis qu'au delà, entre quatre hauts minarets, Sainte-Sophie élève son dôme byzantin
dans le ciel.

Pour les touristes un peu pressés que nous
sommes, Constantinople est essentiellement la
ville des mosquées et des bazars, des derviches hurleurs et tourneurs, la ville pittoresque

et grouillante où se mêlent tous les aspects,
toutes les couleurs et toutes les senteurs d'O-
rient. Mon Dieu ! il faut bien l'avouer, le bazar
a presque entièrement perdu son charme d'autrefois : depuis que le tremblement de terre
de 1894 l'a ruiné de fond en comble, c'en est
fait de ces mystérieux recoins où s'accumulait
la poussière des siècles, de ces petites boutiques pittoresques et obscures, où les heures
passaient si douces et si rapides à marchander
quelque arme de prix, quelque étoffe chatoyante, quelque tapis précieux. Après le dé-
sastre, les grands marchands du bazar ont
transporté ailleurs leurs comptoirs, et beaucoup d'entre eux sont restés dans ces maisons
plus confortables, plus modernes, mais sans
caractère, hélas ! et sans attrait, où chaque
article a son rayon spécial et où l'acheteur
passe à la caisse, comme au *Louvre* ou au *Bon-
Marché*. D'autres sont revenus, mais dans un
bazar tout neuf, achevé d'hier et par places
encore inachevé, aux galeries trop larges, trop
propres, trop lumineuses, où la pacotille d'Europe se mêle tristement aux articles d'Orient.

Dans ce bazar des armes, que Th. Gautier appelait jadis le cœur même de l'Islam, les lits de fer voisinent avec les longs fusils incrustés d'argent et les kandjars damasquinés d'or ; et

Fontaine d'Achmet III à Constantinople.

il faut errer longtemps avant de rencontrer quelque coin vraiment oriental et pittoresque, comme cette rue des Libraires, qui débouche près de la mosquée de Bajazet, où dans des boutiques proprettes, de vieux marchands

turcs sont assis gravement parmi les manuscrits anciens — coin tranquille et charmant,
plein de paix et de silence, qu'ombragent
quelques vieux platanes et que domine la
svelte silhouette d'un minaret blanc... Et c'est
peut-être là ce qui me gâte un peu ce retour
tant attendu à ce Stamboul que j'ai tant aimé :
il nous faut, dans ces journées trop brèves,
voir trop de choses, accumuler trop de sensations, trop diverses et trop rapides ; et peut-
être, pour goûter pleinement Constantinople,
nous a-t-il manqué la chose essentielle, le loisir d'errer au hasard, le plaisir de la découverte, le charme divin de la flânerie.

Pourtant elles sont bien belles, ces grandes
mosquées de Stamboul, Sultan-Bajazet avec sa
cour pleine de boutiques en plein vent et toute
bruissante du vol des pigeons familiers ; Sultan-
Achmet, où le clair éclat des faïences blanches
et vertes répand sous les hautes coupoles une
lumière si limpide et si douce ; Sultan-Soliman
surtout, la merveille de l'architecture ottomane, où, sur les murailles alternées de marbres blancs et noirs, sur les tapis somptueux

étalés sur les dalles, les vitraux multicolores, dessinés en arabesques ou en gerbes de fleurs, versent un demi-jour mystérieux et exquis. Elles sont bien belles, quand, à l'heure de la prière, leurs immenses nefs vides s'emplissent du peuple des fidèles, quand, dans le grand silence de la mosquée, parmi les gestes d'adoration lents et graves, montent les psalmodies sonores, d'une si simple et si saisissante grandeur. Et il faudrait noter encore, en cette saison surtout, le charme pénétrant de ce jardin plein de verdure et de fleurs, où, à l'ombre des hauts minarets, dans les *turbés* tapissés de rares faïences persanes, Soliman le Magnifique et Roxelane dorment leur paisible et éternel sommeil. Mais, si puissant que soit ici le charme de l'Islam, d'autres souvenirs, et plus prestigieux, s'évoquent, sur ce sol antique de Byzance, des lointains obscurs de l'histoire. Sur cette place de l'Atméidan, où coula le sang des janissaires, l'hippodrome byzantin a laissé sa trace encore visible, cet hippodrome splendide, paré des plus riches dépouilles de l'art grec, où se déroulèrent tant de pompes triom-

phales, où se jouèrent tant de sanglantes tra-
gédies, où plus d'une fois les rivalités des
factions du cirque allumèrent le tumulte et dé-
chaînèrent l'insurrection. Et tout près, c'est la
merveille des merveilles, la chose unique et
précieuse entre toutes, Sainte-Sophie, aux proportions si vastes, à la construction si audacieuse, à la décoration si magnifique, que Justinien, en inaugurant l'incomparable édifice,
s'écriait, plein d'enthousiasme et d'orgueil :
« Gloire à Dieu qui m'a jugé digne d'accom-
plir une telle œuvre. Je t'ai vaincu, ô Salo-
mon ! » Et il se peut bien que, par le dehors,
entre les lourds contreforts qui soutiennent ses
murailles ébranlées, Sainte-Sophie semble mé-
diocre et mesquine ; mais que l'on franchisse
la porte royale, par où passaient jadis les
somptueux cortèges des empereurs, que l'on
s'avance sous la coupole démesurée, si légère
pourtant et si lumineuse, où l'art byzantin a
créé un modèle jamais dépassé, que l'on regarde la splendeur des marbres polychromes
qui tapissent les murailles, l'éclat doré que les
mosaïques mettent au sommet des coupoles,

la splendide et vibrante harmonie des couleurs habilement nuancées, il est impossible de n'être point profondément saisi de cette grandeur si inattendue et si émouvante. Et peu importe alors le mobilier de mosquée turque remplaçant les orfèvreries précieuses des autels et des iconostases ; peu importent les grands disques verts constellés de lettres d'or qui se plaquent lourdement à la courbe des arcades ; peu importe même le badigeon ottoman voilant en partie l'étincellement des mosaïques d'or : sans effort, dans ce décor admirable, l'esprit évoque les temps disparus où, dans Byzance chrétienne, la Grande Église, comme on disait alors, était le centre de la vie politique et religieuse de l'empire ; et de nouveau, comme du fond d'un rêve, les vastes nefs s'animent et se peuplent de la foule mouvante et pompeuse des cortèges et des cérémonies ; des figures d'empereurs passent, telles qu'on les voit à Ravenne aux murailles de Saint-Vital, Justinien et Théodora, dans toute la pompe éclatante de leur majesté, et d'autres encore, Ducas, Comnènes, Paléologues, qui jadis, défendirent si vaillam-

ment contre l'Islam la « ville gardée de Dieu ».
Et dans la solitude recueillie de la grande ba-
silique, lentement on sent monter au cœur
comme un vague regret de ce passé mort, et
comme un vague désir qu'un jour vienne où,
dans Sainte-Sophie rendue à son antique
splendeur chrétienne, le patriarche œcumé-
nique, comme jadis, reçoive de nouveau l'em-
pereur.

22 avril.

Pour l'éternel badaud qui sommeille au fond
des plus sceptiques d'entre nous, c'est une
chose toujours attirante de voir un souverain
qui passe ; et quand c'est le sultan, la curiosité
se fait peut-être plus ardente encore et plus
intense. Et voilà pourquoi nous sommes ce
matin, très loin de la Stamboul populaire, sur
les aristocratiques collines où se cache la résidence impériale d'Yldiz, nous pressant aux
fenêtres du kiosque et sur l'étroite terrasse qui
font face à la blanche mosquée Hamidié. Et
certes, le décor n'est point sans beauté, avec
ses larges perspectives ouvertes sur la ville et

sur le Bosphore, avec les lignes sombres des
régiments massés le long des avenues, avec le
défilé des uniformes brodés annonçant la venue prochaine du maître ; et le spectacle n'est
pas sans grandeur, quand, sous le soleil éclatant de midi, la voix chantante du muezzin —
une des plus admirables voix de l'empire —
appelle aux quatre coins de l'horizon les fidèles
à la prière, et que, parmi le cliquetis des armes,
l'éclat des fanfares triomphales, le claquement
des drapeaux inclinés, la rauque et sauvage
acclamation des superbes soldats qui veillent
sur sa sécurité, le sultan passe dans sa somptueuse calèche découverte, très simple en sa
tunique grise parmi les dignitaires chamarrés
et les *saïs* rouges ou bleus tenant en main les
chevaux harnachés d'or... Pourtant, malgré
l'appareil de cette mise en scène, involontairement on pense aux sélamliks d'autrefois, aux
grands sultans de jadis, chevauchant fièrement, dans ces prestigieux costumes qu'on
garde au Vieux-Sérail, à travers les rues de
leur capitale, à toute cette pompe étrange et
splendide où se complaisait la Turquie des

Mourad et des Soliman, et qui semblerait presque une mascarade surannée à la Turquie modernisée d'Abdul-Hamid. Et après tout, elle a ses grâces aussi, cette Turquie très moderne, et elle les montre — non sans quelque coquetterie — dans cette haute et courtoise invitation, qui, à l'issue du sélamlik, nous convie à un lunch somptueusement servi dans les jardins d'Yldiz ; et on nous a dit que le sultan, très amoureux, on le sait, du détail des affaires, très soucieux de surveiller par lui-même l'exécution de ses moindres ordres, est venu, d'une fenêtre grillagée du palais, jeter un regard sur ses hôtes de passage, commé pour s'assurer s'il ne manquait rien à la splendide hospitalité qu'il leur voulait offrir.

Hier, beaucoup d'entre nous sont allés à Scutari voir hurler les derviches, et selon les tempéraments, ils en sont revenus émerveillés ou écœurés. Aujourd'hui, les derviches tourneurs éveillent en nous des émotions moins vives et notre curiosité se lasse vite de leurs monotones évolutions. Et nous descendons

sans regret vers la Corne-d'Or flamboyante de
soleil, vers les caïques légers qui vont aux
Eaux-Douces d'Europe ou qui nous mènent
au saint faubourg d'Eyoub. En ces premiers
jours de printemps, dans le loisir de ce dimanche ottoman, Eyoub est plein de mouvement et de charme ; entre les pittoresques
maisons de bois, entre les boutiques et les cui-
sines en plein vent, un flot de populaire roule,
femmes aux férédjés éclatants, enfants en
habits de fête, à la grâce élégante et mutine, et
les marchands de fleurs passent, avec leurs pa-
niers pleins de grands iris jaunes, de violettes
et de roses, et les chiens dorment nonchalam-
ment dans les coins d'ombre, les grands chiens
errants au profil de renard ou de loup, maîtres
souverains du pavé et qui se dérangeraient à
peine pour le sultan même. Et, au bout de la
rue colorée et bruyante, ce sont les abords,
maintenant silencieux et calmes, de la sainte
mosquée d'Eyoub ; c'est l'avenue déserte où
derrière les façades de marbre percées de
grillages d'or, les blanches stèles funéraires
rehaussées d'or et de bleu s'alignent à l'om-

bre des grands arbres, où le bruit clair des
fontaines murmurantes berce doucement l'é-
ternel sommeil de ceux qui ont voulu dormir
autour de ce sanctuaire d'Islam ; et plus haut,
sur la colline, c'est le grand cimetière aux om-
brages sombres, avec ses échappées de vue
sur la Corne-d'Or sillonnée de caïques, sur les
grandes vallées pleines de verdure qui descendent vers Stamboul, et plus loin sur d'autres
cimetières encore, — mélancolique ceinture
dont la ville s'entoure du côté de la terre, et
que domine la ligne sinueuse des vieilles murailles byzantines. Et par ce chemin, où chaque détour évoque des siècles d'histoire, par
ce chemin si triste et si beau, qui, du fond de
la Corne-d'Or jusqu'aux Sept-Tours, s'en va
entre des tombeaux et des ruines, nous reve-
nons, le long de cette triple et formidable enceinte qui tant de fois brisa l'effort de toutes
les barbaries, jusqu'à ce jour sinistre du 29 mai
1453, où, sous l'assaut furieux des soldats de
Mahomet, Byzance succomba enfin, où — à
cette porte de Saint-Romain dont on retrouve
la place — le dernier des empereurs chrétiens

d'Orient est mort l'épée à la main, écrasé sous
le nombre, sur les remparts de sa capitale en-
vahie. Aujourd'hui encore, les brèches béantes
ouvertes au flanc des murailles, les pans de
maçonnerie tombés au profond des fossés, les
bastions crevassés, les hautes tours crénelées
demeurées intactes, disent la fureur des atta-
ques et l'énergie des résistances désespérées ;
et sur cet immense château féodal tout doré
par les siècles, les arbres de Judée mettent
leurs nuances claires, et la nature, qui sait si
bien parer les blessures des ruines, drape d'un
manteau de lierre et de verdure les murailles
et les tours. Et c'est dans cette Stamboul lointaine, endormie au pied des vieux remparts,
dans ces quartiers perdus, que couvrent de
leur ombre séculaire les mosquées de Sélim et
de Mahomet, c'est là, bien plus que dans les
rues peuplées d'une foule cosmopolite, qu'il
faut venir pour retrouver quelque chose de la
couleur d'Orient. Dans ces petits cafés à l'au-
vent ombragé de treilles, dans ces rues écar-
tées, au pavé accidenté et fantasque, dans ces
petites maisons de bois sévèrement closes, la

vie musulmane s'écoule, telle qu'elle s'est écoulée depuis des siècles ; et, malgré les ruines trop fraîches rappelant les récents tremblements de terre, malgré le pas lourd des patrouilles évoquant de plus sinistres souvenirs encore, c'est là qu'il faut aller, s'asseoir et longuement rêver, si l'on veut goûter vraiment le charme tout-puissant de l'Islam.

Au soleil couchant, par les rues escarpées qui descendent au Vieux-Pont, un peu las, plus empoussiérés encore, nous regagnons l'*Orénoque :* et quelques heures plus tard, comme par un coup de baguette magique, nous voici transportés à mille lieues de Stamboul, dans l'élégant et somptueux décor d'une fête tout européenne, que l'exquise et cordiale bonne grâce de nos compatriotes de Constantinople a voulu nous offrir au cercle de l'*Union française*. Dans la magnifique salle de spectacle pleine de fraîches toilettes et d'habits de soirée, on n'a gardé de l'Orient que ce qui peut amuser notre curiosité, chants albanais, danses bulgares, comédie turque, et Ka-

ragheuz lui-même, mais un Karagheuz qui se
surveille et sait qu'il y a des dames. Et nous
avons applaudi comme il convient la verve co-
mique, le prodigieux entrain de l'acteur populaire à la mode, Abdul-Rezak, le « Coquelin
turc », comme on dit parfois — étrange et
pittoresque figure de comédien, qui devient,
une fois descendu des planches, une façon de
saint homme, réalisant en sa personne, là
certes où on ne l'attendait guère, la para-
doxale réconciliation du théâtre et de l'Église.
Et, nous avons applaudi bien plus encore —
et d'un bien autre cœur — aux patriotiques
paroles par lesquelles, au nom de l'*Union,* le
commandant Berger nous souhaitait une si
cordiale bienvenue dans cette maison française, dans cette hospitalière et souriante maison, où, étrangers débarqués de la veille,
nous avons été traités et fêtés comme des amis.

23 avril.

Dans les jardins du Vieux-Sérail, en face de
ce kiosque aux faïences — *Tchinili-Kiosk* —

le plus ancien monument et l'un des plus charmants que les Turcs aient élevés à Constantinople, se dresse le bâtiment neuf du Musée
impérial ottoman. Depuis quelque vingt ans,
la Turquie, pour faire figure sans doute d'État
européen et civilisé, a voulu se donner le luxe
de collectionner les antiques ; et, comme elle
possède à l'heure présente plus de la moitié
encore du monde grec ancien, elle n'a pas eu
grand'peine à satisfaire cette ambition de fraîche date. Il y a de tout dans ce musée, des
antiquités assyriennes et des antiquités chy-
priotes, des monuments qui viennent d'Égypte
et d'autres qui viennent de Palmyre, le trésor
de Priam trouvé à Hissarlik et d'admirables
bronzes découverts à Tarse : mais ce qui du
coup a mis le musée de Constantinople hors
de pair, ce qui l'a classé parmi les quatre ou
cinq sanctuaires privilégiés de l'art, ce qui l'a
rangé en bonne place à côté des musées de
Londres ou d'Athènes, de Delphes ou d'O-
lympie, c'est la découverte mémorable, capitale, qui a fait sortir, voilà dix ans à peine,
d'une nécropole oubliée de Sidon cette série

de merveilleux sarcophages, chefs-d'œuvre de la sculpture hellénique à son apogée. Et je ne sais vraiment, dans ces incomparables monuments, ce qu'il faut admirer davantage, la fraîcheur des marbres parvenus intacts jusqu'à nous dans toute leur fleur, ou l'exquise harmonie des couleurs dont une savante et délicate polychromie a nuancé ces bas-reliefs, ou la grâce robuste et svelte de ces cavaliers qui semblent détachés de la frise du Parthénon, ou la majesté sereine et touchante de ces admirables *Pleureuses,* sœurs jumelles des chastes et charmantes figures qui décorent les stèles du Céramique d'Athènes. Mais le joyau de la collection, c'est assurément le précieux sarcophage auquel l'imagination populaire, toujours en quête d'épithètes retentissantes, a attaché le nom sonore — et d'ailleurs inexact — de « sarcophage d'Alexandre ». Et peu importe après tout quel prince, grec, perse ou phénicien, a dormi son dernier sommeil dans cette grande cuve de marbre, à l'architecture harmonieuse et puissante, à la riche décoration. En face du *Combat de cavalerie* ou de la *Chasse au lion,* d'un réalisme si intense, d'un mouvement si impétueux et si pittoresque, on s'inquiète peu du problème historique qui se pose ; devant ces chefs-d'œuvre authentiques et charmants, on ne voit plus que l'incomparable science, la verve passionnée de l'exécution, que la grâce fine de ce coloris, légèrement pâli par les siècles et qui, dans ce monument unique, nous rend, comme on l'a dit, « un reflet contemporain et à peine affaibli de l'art du divin Apelle ». Et j'ai encore dans les yeux, après des semaines écoulées, les délicates harmonies de cette polychromie exquise, la pourpre éclatante des draperies, les broderies multicolores des tuniques et des tapis de selle et, sous le toit triangulaire du couvercle, cette adorable frise où des feuilles de vigne sauvage serpentent en d'élégants rinceaux, jaune pâle sur un fond violet !

Et c'est là, dans ces salles silencieuses du musée, et encore dans Sainte-Sophie déserte, que l'on goûte les sensations d'art les plus pleines et les plus pures que Constantinople puisse donner. Et pourtant, il y a bien du charme aussi et de la grâce — mais combien différente ! — dans ce palais du Vieux-Sérail, dans ce palais des grands sultans d'autrefois, que les maîtres de la Turquie moderne ont délaissé pour les rivages du Bosphore ou les collines d'Yldiz, mais qui n'en demeure pas moins, par les trésors splendides et les pieuses reliques qu'il abrite, comme le sanctuaire de la monarchie. Aussi est-ce chose assez compliquée de franchir les portes, difficilement ouvertes, de l'antique résidence souveraine : il y faut des autorisations spéciales, et toute une diplomatie pour les obtenir ; il y faut également, pour acquitter l'hospitalité impériale, des gratifications presque royales. Mais le site est charmant avec ses pelouses d'un vert tendre, sa parure de noirs cyprès séculaires, la fraîcheur des pièces d'eau murmurantes, avec ses terrasses d'où la vue est si belle sur la côte d'Asie et le Bosphore, ses kiosques aux blanches coupoles, capricieusement semés parmi les jardins, avec tout ce décor de palais enchanté, caché derrière des portes farouches et

des remparts crénelés de citadelle. Et tout naturellement, dans ce cadre paisible et solitaire,
où nulle présence importune ne réveille la no-
tion du temps un moment abolie, toute la vie
des sultans disparus s'évoque comme en un
éclair, magnifiquement hautaine dans ce kiosque du divan, où, caché dans l'ombre de la
fenêtre grillagée d'or, le padischah, invisible
et présent, recevait les ambassadeurs en au-
dience solennelle ; luxueusement familière dans
ce kiosque de Bagdad, tout tapissé de claires
faïences, où, sur les divans bas aux étoffes
chatoyantes, sur les meubles de nacre et les
tapis précieux, le soleil, doucement tamisé par
des rideaux de soie de Brousse, vient mourir
en un demi-jour mystérieux. Et quand, avec
un cérémonial compliqué, un haut fonction-
naire du palais, entouré d'une escouade de
domestiques, a fait jouer péniblement les massives serrures qui ferment les portes de fer du
Trésor, la sensation se fait plus intense encore
et plus précise : dans la pénombre lumineuse
où s'allument des éclairs d'or et de pierreries, tout l'Orient de jadis apparaît, avec son

luxe grandiose et barbare, qui se plaît aux
armes magnifiques, aux somptueux vêtements
de guerre, aux orfèvreries splendides, étincelantes de rubis et de turquoises, avec son en-
fantillage aussi, qui se laisse séduire aux ba-
nales amusettes d'Europe, et met au même
rang les pendules innombrables platement
achetées à Paris ou à Vienne et le trône merveilleux, éblouissant de perles et d'émeraudes,
que jadis Sélim Ier conquit sur le shah de Perse.
Et l'évocation s'achève, saisissante, presque
inquiétante à force de réalité, devant ces man-
nequins funèbres, méthodiquement alignés
sous des vitrines et qui portent les costumes
d'apparat des sultans d'autrefois. Ils sont là,
tous ceux qui jadis habitèrent le Vieux-Sérail,
depuis Mahomet II jusqu'à Mahmoud le réfor-
mateur, avec leurs caftans de brocart aux
grands dessins mystérieux, avec leurs hauts
turbans blancs où brillent des aigrettes de
pierreries, avec, dans la soie des ceintures,
leurs poignards à la garde incrustée de rubis
et de perles ; ils sont là tous, immobiles et tragiques, Mahomet II, qui prit Constantinople,

et dont le kandjar a son large pommeau fait de trois grosses émeraudes ; Soliman, qui prit Belgrade, et dont le turban flamboie d'une triple torsade de rubis ; Mourad, qui prit Bagdad, et dont le casque empanaché et la chemise de mailles étincellent de pierres précieuses et d'or ; et tous les autres, les Sélim, les Achmet, les Mustapha, tous les maîtres de la vieille Turquie morte, de la Turquie sauvage et guerrière, magnifique et pittoresque... Et involontairement on pense au sélamlik d'hier, au sultan d'aujourd'hui.

Et c'est une lecon d'histoire encore — et bien frappante aussi — que la visite de ces palais modernes de Beylerbey ou de Dolma-Bagtché, où les successeurs récents des khalifes se sont essayés à faire figure de souverains européens. Pour se conformer à la volonté du maître, on a rassemblé ici tout ce qui est censé constituer le luxe d'une résidence souveraine, les grandes salles de fête aux proportions colossales, la salle du trône toute ruisselante de dorures, la galerie de tableaux, où, sur des centaines de mètres, s'alignent dans

un triste demi-jour des toiles plus tristes encore ; pour rendre l'habitation digne du prince,
on a dépensé follement, sans mesure et sans
goût, et l'on s'effare vraiment, en parcourant
l'interminable suite de ces pièces somptueuses
et vides, de ce gros luxe criard, de ce clin-
quant banal, de ces recherches absurdes, où
l'on a fait riche, croyant faire beau. Ce ne
sont partout qu'escaliers de marbre à double
révolution très compliquée, que grands halls
remplis de pompeux lampadaires de cristal
et d'or, que salles énormes aux voûtes étincelantes posant sur une forêt de colonnes
bleues ; et jusque dans l'intimité des appar-
tements, c'est une profusion insensée et vaine
de matériaux précieux, comme dans ce bain
romain, — l'une des grandes curiosités de
Dolma-Bagtché — tout tapissé de marbre et
d'albâtre ajourés en dentelles. Et il y a, dans
la coûteuse et inutile splendeur de ce palais
trop neuf et déjà inhabité, quelque chose
de profondément mélancolique, et quelque
chose de navrant aussi dans ce douloureux
et impuissant effort pour adapter la vieille

Turquie asiatique aux mœurs de l'Europe moderne.

Et au sortir de ce décor artificiel et voulu, nous voici brusquement ramenés à la civilisation véritable. Pour rendre à nos hôtes d'hier la grâce de leur accueil, l'*Orénoque* ce soir a fait toilette de fête : avec cette ingéniosité de ressources, cette entente de la décoration qui semblent chez nos marins de France des qualités naturelles, la dunette s'est transformée en une vaste salle de bal, toute parée de plantes vertes, toute étincelante de trophées d'armes et de girandoles multicolores ; et l'on a dansé très tard sur le pont, avec une ténacité et un entrain admirables ; et s'il n'y a point eu de cotillon, personne n'a regretté, je pense, que la suppression de ces coûteux accessoires ait profité à l'hôpital français de Constantinople. Il siérait mal d'insister davantage sur une fête que nous avons donnée ; mais je manquerais aussi à un devoir en n'exprimant point ici notre profonde et respectueuse reconnaissance à l'ambassadeur de France, qui a bien voulu l'honorer de sa présence, à l'homme éminent dont le haut caractère, l'exquise bonne grâce, le charme de séduction demeureront, pour tous ceux qui ont eu l'honneur de l'approcher, un inoubliable souvenir.

24 avril.

Ce matin, une très aimable invitation conduit plusieurs d'entre nous dans le charmant archipel des îles des Princes ; et après ces trois journées passées en visites de monuments, en courses pressées à travers l'immense Stamboul, c'est une sensation délicieuse de calme, de fraîcheur et de repos. Sous le gai soleil, la mer de Marmara très bleue se soulève en une longue houle berceuse ; sur la côte d'Asie, Scutari et Chalcédoine déploient leur paysage enchanteur de villas, de mosquées et de grands arbres sombres ; et au loin, par-dessus la vaporeuse silhouette des îles baignées dans une lumière argentée, l'Olympe chargé de neiges met des blancheurs rosées sur le ciel bleu. Jadis, ces îles verdoyantes et fraîches, Proti,

Antigoni, Prinkipo, étaient peuplées de couvents innombrables, et plus d'une fois, des empereurs et des impératrices de Byzance, des ministres et des patriarches sont venus, après de tragiques disgrâces, finir dans le triste exil de ces cloîtres leur existence aventureuse. Dans le riant décor d'aujourd'hui, il faut quelque effort pour évoquer ces dramatiques souvenirs : Prinkipo n'est plus en effet qu'une élégante station de villégiature mondaine, toute pleine d'hôtels européens et de villas à l'italienne, toute couronnée de pins, de chênes verts et d'oliviers, toute parfumée de myrtes, de térébinthes et de fleurs. Et nous n'avons guère pensé, je l'avoue, à l'histoire de jadis, à ces impériales recluses qui sont venues ici languir et mourir, dans ce somptueux et très moderne hôtel de Prinkipo-Palace, qui se dresse, inachevé encore, sur le principal sommet de l'île et d'où la vue est si belle sur les flots étincelants de Marmara, sur les sombres forêts qui encadrent le fond lointain de la baie d'Ismid, sur la molle courbure des côtes où les grands arbres verts viennent, jusqu'au bord

des golfes, se mirer dans les eaux bleues. Dans
les sentiers ombreux et parfumés, où galopent
les joyeuses cavalcades des petits ânes agiles,
le long de la route charmante qui tantôt s'é-
lève en corniche au-dessus des hauts promon-
toires et tantôt longe le rivage où la mer brise
doucement, dans le luxe confortable de la salle
à manger claire où la table est dressée en face
du plus beau paysage qu'on puisse rêver, dans
ce décor de vie moderne et mondaine, on se
sent transporté à mille lieues de Byzance, en
quelque coin exquis de notre Côte d'azur, proche de Nice, de Menton où du cap Martin.
Et ç'a été un grand magicien vraiment que le
commandant Berger, notre hôte, qui en un
même jour a su ainsi évoquer pour nous les
chères images de la patrie lointaine, et, au retour, par un saisissant contraste, nous mon-
trer le merveilleux panorama de Stamboul au
soleil couchant. Et c'est par ce spectacle incomparable de la grande ville noyée dans un
poudroiement d'or que s'achève le séjour trop
bref que nous avons fait ici ; et maintenant
l'*Orénoque* largue ses amarres, et tandis que,

dans la nuit tombée, le bateau stoppe au milieu du Bosphore, une dernière fois Constantinople nous apparaît, non plus, comme il y
a quelques jours, enveloppée des légères brumes du matin, mais non moins originale et
mystérieuse dans sa parure nocturne, dans l'é-
tincellement des feux qui brillent sur la mer
et des lumières innombrables qui s'allument
au penchant de collines; et, au-dessus de la capitale ottomane illuminée, brille dans le ciel
sombre, comme un héraldique emblème de
l'Islam, le pâle croissant de la lune nouvelle.

Brousse, 25 avril.

Une ville blanche adossée au flanc de la
montagne, de hauts minarets et des coupoles
vermeilles jaillissant du milieu des arbres
verts, des eaux limpides courant au creux des
ravins, par-dessus lesquels de vieux ponts
turcs suspendent leurs arcades branlantes ; en
bas, des prairies qui descendent à la plaine ;
en haut, les grands bois sombres et les cimes
neigeuses de l'Olympe, où courent ce matin

de lourds nuages noirs : c'est le premier aspect
de Brousse. Et l'on sent, dès l'abord, qu'avec
ses mosquées anciennes, merveilles de l'art
ottoman, avec ses *turbés* aux claires faïences,
où dorment les vieux sultans morts, avec son
bazar aux boutiques surannées, aux ruelles
étroites et pittoresques, avec la magnificence
de ses bains, avec son frais et calme décor de
verdure et de fontaines, l'antique capitale des
Turcs du xive siècle donne peut-être, plus et
mieux que Constantinople, la sensation vivante et profonde de l'Islam.

C'est ici, dans la vieille citadelle, qui de
son haut promontoire de rochers surveille,
comme jadis, la ville et la plaine, que reposent
— sous des monuments récemment rebâtis,
hélas ! et d'un luxe trop neuf et trop éclatant
— les rudes fondateurs de l'empire, les Osman
et les Orkhan ; c'est ici que les Mourad, les
Bajazet, les Mahomet Ier sont venus, dans l'in-
tervalle des chevauchées sanglantes, tenir leur
cour somptueuse et barbare et qu'ils ont voulu
être ensevelis, à l'ombre des mosquées magnifiques qu'ils avaient fondées. Et il y a, en effet,

un charme singulier et puissant dans ces en-
clos solitaires et paisibles, où les roses fleu-
rissent sous les platanes séculaires, où le
murmure d'un jet d'eau jaseur berce doucement le rêve éternel de ces morts belliqueux
ou tragiques, et il y a une grâce exquise dans
ces *turbés* capricieusement semés dans la pénombre verte, avec leurs grands auvents de
bois peint et doré, leur chatoyant décor de
rares faïences persanes. Et c'est, dans tout
ce quartier lointain qui avoisine la Mouradié,
la même sensation d'un passé très ancien : de
grandes prairies, de beaux jardins verdoyants
escaladant les pentes de la montagne donnent
à cette partie écartée de la ville l'aspect tranquille d'un village asiatique; le long des rues
au pavé défoncé, les petites maisons de bois
branlantes s'accrochent au penchant des collines ; au fond des ravins, les roues des mou-
lins centenaires tournent lentement à l'eau
claire des torrents qui descendent en cascades
de l'Olympe; dans la cour des mosquées dé-
sertes, quelques imans en turban vert sont
assis ou dorment à l'ombre des portiques; et

la vie elle-même semble s'être endormie ici depuis le temps des grands sultans de jadis, et dans le silence et l'abandon des choses, à peine remarque-t-on les jeux légers de quelques enfants turcs rieurs et charmants. Il y a ainsi, dans Brousse, mille coins pittoresques que découvrirait sans peine une flânerie moins hâtive que la nôtre ; mais, pour les voyageurs un peu pressés que nous sommes, Brousse demeure essentiellement la ville de la *mosquée verte*.

Après les pages inoubliables que Loti lui a consacrées, il serait puéril de vouloir exprimer le charme séducteur et puissant de la mosquée verte. Il suffira de dire qu'elle est peut-être le chef-d'œuvre de l'art ottoman, un chef-d'œuvre de grâce originale, de richesse élégante et splendide, avec ses tapis magnifiques étalés sur les dalles, avec la claire fontaine qui, sous les hautes coupoles, met un frémissement et une fraîcheur d'eau jaillissante, avec son admirable décor surtout de faïences somptueuses, qui, dans le demi-jour de l'édifice, répandent une chaude lumière d'émeraude. Et sans doute, cette première impression est incomparable déjà et charmante : mais il faut, pour épuiser vraiment toute la beauté de ce monument unique, savoir en goûter plus longuement l'attrait ; il faut laisser les yeux, éblouis par le grand soleil du dehors, s'accoutumer lentement à la pénombre discrète ; et alors, sur le fond des murailles d'émeraude, des blancs, des bleus, des ors se réveillent et s'allument, des fleurs d'azur et de pourpre s'épanouissent sur les parois vertes ; dans l'encadrement du *mihrab*, au pourtour des loges tapissées de faïences, où jadis des sultans s'appuyèrent sur la légère balustrade bleuâtre, c'est une harmonie exquise de couleurs délicates et tendres, une merveilleuse variété de combinaisons décoratives, où la fantaisie d'un grand artiste anonyme s'est fixée en une œuvre de génie. Et dans la mosquée aux faïences vertes, comme dans le *turbé* vert qui lui fait face, sans effort l'esprit évoque les gloires ottomanes d'autrefois, les souvenirs des vieux princes turcs, de tous ces rudes et farouches batailleurs, épris, par un étrange contraste et bien inattendu, des raffinements les plus exquis de l'art.

Et c'est un contraste encore — et non moins surprenant dans cette vieille capitale asiatique — que cette école française, dont les élèves viennent porter à M. Homolle des compliments et des fleurs, et que l'initiative d'un homme a su créer ici à force de persévérance et de dévouement. Et je ne saurais oublier non plus le collège, français lui aussi, des Pères de l'Assomption, dont la musique nous salue, sur cette antique terre d'Asie, des accents familiers de la *Marseillaise;* et l'hymne national — un peu banal chez nous — prend ici une singulière grandeur, dans cette ville étrangère et lointaine où il évoque l'image même de la patrie.

En mer, 26-27 avril.

A Moudania, où nous nous rembarquons à la nuit close, commence le voyage du retour. Cette fois encore, comme à l'aller, la mer nous est clémente, et l'Archipel déploie pour nous

8

tous ses enchantements et ses séductions. De nouveau, dans le soir qui tombe, les rivages de Grèce nous apparaissent, et entre la mer d'un bleu profond et le ciel d'un bleu pâle, la ligne pure des montagnes d'Andros prend, dans le soleil couchant, une grâce et une noblesse sans égales, tandis que, de l'autre côté du canal d'Oro, les hautes cimes de l'Eubée dessinent leur profil sinueux sur un ciel d'or. Puis ce sont les côtes d'Attique, entrevues dans la nuit claire, qu'argente un rayon de lune, et le lendemain matin, nous nous réveillons au delà du cap Matapan, sur une Ionienne houleuse, qui brise en longues franges d'écume blanche ses hautes vagues vertes et bleues. Mais nous sommes, depuis dix-huit jours de navigation, si bien amarinés, que cette tempête en miniature provoque à peine des émotions légères, et pour un peu nous remercierions le ciel d'avoir bien voulu rompre pour nous la trop calme monotonie de cette fin de voyage. Et d'ailleurs la Sicile déjà est proche, la Sicile où nous serons demain, et où Syracuse marquera la dernière étape de notre croisière.

Syracuse, 28 avril.

Syracuse, c'est la Grèce encore. Les grands noms qui illustrent son histoire, des Gélon, des Hiéron, nous les avons — voilà quelques jours à peine, et qui déjà semblent si lointains — rencontrés à Olympie et à Delphes. Dans ce port aux eaux calmes et bleues où l'*Orénoque* mouille, jadis a sombré la fortune d'Athènes ; et dans ce théâtre immense et charmant, adossé au flanc des collines, sur ces gradins taillés dans le roc vif et qu'a entamés à peine la morsure des siècles, jadis des spectateurs innombrables ont applaudi les vers d'Eschyle et d'Euripide, avec le même enthousiasme qui, dans le théâtre de Dionysos, faisait battre les mains des Athéniens. Et c'est le ciel de Grèce aussi, avec des tons à peine plus atténués et plus tendres, et c'est la même splendeur de la lumière, sur une terre plus riche seulement, plus grasse, plus verdoyante, où flotte comme le souvenir des pastorales idylles d'un Théocrite. Aujourd'hui, confinée

qu'elle est dans son île étroite d'Ortygie, Syracuse n'est plus qu'une petite ville coquette
et proprette, avec ses maisons aux balcons
élégants qui rappellent la Renaissance, avec
ses rues pavées de larges dalles, où chaque
tournant découvre une échappée nouvelle et
charmante sur la mer ou sur le vieux château
fort, aux pierres dorées par le temps, qui domine l'entrée du port de sa masse pittoresque
et fière. De la grande et populeuse cité qu'é-
tait la Syracuse antique, il faut aller dans la
campagne retrouver les débris épars, au pied
de ces falaises blanches qui tranchent si vigou-
reusement sur le ciel bleu, sur ce vaste plateau
désert qui se déroule sans fin vers l'horizon
lointain. Et par les chemins étroits bordés de
grands jardins tout remplis d'orangers, de ci-
tronniers, de grenadiers en fleurs, la longue
file de nos voitures s'en va processionnellement, comme une noce, à ces monuments,
où revit la grandeur de la ville morte, à l'am-
phithéâtre romain, dont l'arène, tant de fois
ensanglantée jadis, est comme feutrée aujour-
d'hui d'un tapis d'herbe verte, au théâtre

grec, si prenant dans sa simple majesté et
d'où la vue est si belle sur la ville, sur le port
et sur la mer. Et je ne sais point cependant si
la merveille de Syracuse n'est point dans ces
latomies, dans ces vieilles carrières de pierre,
où la main de l'homme a cherché la matière
de ses ouvrages et que la nature a parées
d'une si prestigieuse et si inattendue beauté.
Certes, pour qui se souvient, un voile funèbre
devrait flotter au fond de ces fosses colossales
où, entre les aveuglantes murailles de calcaire
blanc, des milliers de prisonniers sont morts
jadis de misère et de faim ; et l'on a beau se
souvenir, on ne voit plus que le frais et délicieux jardin qui s'épanouit maintenant sous le
chaud soleil dans les carrières abandonnées
et justifie si bien ce nom exquis, que le peuple
donne à l'une d'entre elles, de *latomie du Pa-
radis.* Et c'est un charme d'errer à l'aventure
dans ces verdoyants labyrinthes tout pleins de
grands arbres antiques, tout parfumés de senteurs, de passer près de ces cavernes profondes où dorment de petits lacs tranquilles, ou
dans ces étroits sentiers resserrés entre de

hautes buttes de pierre, au-dessus desquels
se profile dans le ciel l'audacieuse silhouette
d'un pont aérien. En cette fin d'avril, les *latomies* sont toutes fleuries de roses, de blanches
marguerites, de grands iris violets ; et au sortir de ce décor naturel fait à souhait pour le
plaisir des yeux, on reste un peu froid, il faut
l'avouer, devant cette Vénus de Syracuse, qui
inspira, je ne sais trop pourquoi, un si lyrique
et si surprenant enthousiasme à Guy de Mau-
passant. Que j'aime donc mieux, dans ce musée élégant et bien ordonné, ces admirables
suites de monnaies, où l'art grec revit tout
entier avec sa grâce fine et sa puissance créatrice ; que j'aime mieux, dans la salle étroite
où elles sont reléguées un peu à l'écart, ces
deux madones du xive siècle, au charme un
peu maniéré et si exquis ! Et que j'aime mieux
surtout cette fin de jour splendide où, dans la
gloire du soleil couchant, Syracuse nous apparaît radieuse, cette Syracuse où nous avons
bien failli ne pas descendre, où nous avons
subi, ce matin, avant de débarquer, comme si
nous étions des pestiférés venant de Bombay

ou de Calcutta, la discourtoise vexation d'une petite visite sanitaire, et que nous aurions si fort regrettée, tant elle termine bien ce voyage, tant elle en a été la naturelle et harmonieuse conclusion.

En mer, 29-30 avril.

Et maintenant, bien que deux jours encore nous séparent de Marseille, chacun a l'impression que la croisière est finie. Il court à bord comme une fièvre de départ ; on fait des malles, on extrait des valises les indicateurs oubliés depuis trois semaines ; vingt fois par jour on s'informe si l'on arrivera assez à temps pour prendre les rapides du soir, et l'on s'inquiète du nuage qui passe et qui pourrait annoncer la tempête, de la brise qui souffle et qui pourrait présager le mistral. Au dîner, servi ce soir avec un luxe inaccoutumé, les toasts succèdent aux toasts, et les compliments s'entrechoquent — avec les verres — pleins d'une sincère cordialité et d'une bonne grâce exquise. Et que de gens, en effet, ne devons-nous pas remercier : et l'excellent commandant Bouis, qui a

conduit notre maison flottante d'une main si
aimable et si sûre, et les organisateurs de la
croisière qui ont prévu toutes les difficultés et
ont su les aplanir, et nos hôtes de Constantinople et d'Athènes, qui dans l'Orient lointain
nous ont fait retrouver un coin de la patrie, et
tous nos compagnons de route, Belges et Français, dont la bonne volonté et la belle humeur
ne se sont pas un instant démenties, et nos
compagnes de route surtout, qui ont donné à
ce voyage un caractère tout spécial de grâce
et d'élégance ! Et quelle reconnaissance aussi
ne devons-nous point aux choses, au ciel qui
a paré les ruines de sa divine lumière, à la
mer qui s'est faite clémente et nous a pro-
digué ses séductions et ses sourires ! Et comme
si elle voulait, en ce dernier jour, nous laisser
un regret suprême de ce voyage trop tôt fini,
la Méditerranée, elle aussi, se met pour nous
en frais de coquetterie : hier grise et terne
sous l'ondée — la première ondée que nous
ayons vue depuis bien des jours — aujour-
d'hui, après Bonifacio passé, elle s'est réveil-
lée toute bleue et toute charmante et, sous

le ciel clair, les côtes de Provence, montant
des flots au déclin du jour, ont une élégance,
une eurythmie, qui rappellent les lignes har-
monieuses des montagnes helléniques. Et
maintenant, sur la mer doucement frémissante,
le soleil couchant met une dernière parure ;
sur les flots bleus, de longues moires courent,
jaunes, rouges, mauves bientôt ; l'horizon
lointain se colore d'un vert délicat et tendre,
sur lequel de larges bandes rougeâtres mettent comme une lueur d'incendie. Et tandis
que doucement les tons splendides pâlissent
et s'éteignent, dans le vert plus intense du ciel
un feu clair s'allume au loin, un phare dont
l'éclair rapide annonce la terre toute prochaine.
Et voici bientôt les lumières du port, et Marseille illuminée montant au-dessus des eaux
sombres ; et c'est vraiment la fin cette fois. Et
après ces trois semaines de vie commune, de
belles émotions partagées, le moment des
adieux ne va point sans quelque mélancolie
secrète ; mélancolie de ces « au revoir » dont
beaucoup peut-être sont des adieux ; mélancolie des choses exquises qui finissent et que

jamais plus on ne retrouvera ; mélancolie aussi de la vie coutumière un moment suspendue, et qui nous ressaisit maintenant et nous enveloppe de sa subtile et banale tyrannie — après les beaux jours libres, pleins de sensations rares, où nous nous sentions en quelque manière transportés hors de nous-mêmes, où, loin du présent morose, nous avions, sur cette terre vraiment sainte de la Grèce, entrevu la vision charmante du monde antique disparu. « Il y a, comme dit Renan, un lieu où la perfection existe, il n'y en a pas deux : c'est celui-là. » Et nous avons eu beau nous laisser séduire aux splendeurs de Sainte-Sophie, aux curiosités des vieux monastères de l'Athos, au mystérieux attrait de cette Byzance somptueuse et décadente ; nous avons eu beau, dans les grandes mosquées aux claires faïences, sous les noirs cyprès des cimetières, au saint faubourg d'Eyoub ou dans *la mosquée verte de Brousse, sentir puissamment* en nous le charme pénétrant de l'Islam. Il n'importe : une ligne pure de montagnes grecques dessinée sur *l'horizon pâle du soir,* un fronton de temple antique s'enlevant sur le ciel bleu, une juvénile figure de marbre ou de bronze nous vont plus droit à l'âme et plus profondément. A Delphes, à Olympie, à Athènes, nous avons eu, comme dit encore Renan, « la révélation de la grandeur vraie et simple », de l'art le plus parfait qui fut jamais : et, comme le maître, nous avons tous, devant le Parthénon, murmuré pieusement la *Prière sur l'Acropole.*

LISTE

DES

PASSAGERS DE « L'ORÉNOQUE »

M. Charles DIEHL, professeur à la Faculté des lettres de Nancy, correspondant de l'Institut.

M. Ernest AMPHOUX, administrateur des voyages de la *Revue générale des sciences.*

M. L. OLIVIER, directeur de la *Revue générale des sciences.*

DE LA DIRECTION.

M. E. Abeilhe, Pau.

M. Addams, Barcelone.

M. l'abbé Ackermann, Paris.

M. Charles Arnaud, Clermont-Ferrand.

M. W. Astle, Paris.

Mlle Suzanne Barachin, Paris.

M. Émile Becquart, Paris.

Mlle Émilie Becquart, Paris.

M. Robert Benda, Paris.

Mme Bertherand de Chacenay, Paris.

M. André Bertherand de Chacenay, Paris.

M. René Bonneton, château de l'Hachenal, par Étroussat (Allier).

M. Henry Broise, Paris.

M. Grégoire Calvet, Paris.

M. Albert Caron, Paris.

M. Georges Chancel, Paris.

Mme et M. Jacques Chardin, Paris.

Mme et M. Jean Charles, Paris.

M. A. Chenevier, Valence.

M. Paul Clément, Paris.

M. Gaston Colin, Paris.

Mme et M. Van den Corput, Bruxelles.

M. Fernand Van den Corput, Bruxelles.

M. E. Couteau, Paris.

M. Henry Couturier, Paris.

Mme et M. Charles Diehl, Nancy.

Mme Albert Dillon, Paris.

Mme et M. Dislère, Paris.

Mme et M. Eugène Dourt, Metz.

M. A. Doutriaux, Valenciennes.

M. Xavier d'Udekem d'Acoz, Gand.

M. Jacques d'Udekem d'Acoz, Gand.

M. Louis Duvillier, Tourcoing.

M. Charles Florentin-Loriot, Alençon.

M. R. Fontnau, Toulouse.

M. Max. DES FRANCS, Paris.
M. FRIZEAU, Bordeaux.
M. DE GALLAND, Alger.
Mme et M. Paul GARNOT, Lyon.
Mlle Marie GAUCHER, Aubigny (Cher).
M. Amédée GAUVRIT, château du Plessis - Bergeret, La Roche-sur-Yon.
M. GÉRARD, Alger.
M. L. GÉRARD, Troyes.
M. GILMONT, Bruxelles.
Mme et M. Alphonse GOSSET, Reims.
M. R. GOURDON, Nantes.
M. Achille GRAS, Paris.
Mlle Germaine GRAS, Paris.
M. Maurice GRAS, Paris.
Dr Henri GRIMOUX, Paris.
Mme Nephtali GUIBERT, Paris.
Mlle Aline GUIBERT, Paris.
M. René GUIBERT, Paris.
Mme et M. Georges HÉLIE, Paris.
M. Georges HÉLIE fils, Paris.
M. HENNEBICQ, Bruxelles.
Mme et M. HOMOLLE, Athènes.
Mlle Geneviève HOMOLLE, Athènes.
Mlle Délie HOMOLLE, Athènes.
M. Georges HOMOLLE, Athènes.
M. JOZON, Paris.
Mlle JOZON, Paris.
M. F. KOCH, Le Havre.
Mlle Marguerite KOCH, Le Havre.
Mme et M. LABANDE, Avignon.
Mme Victor DE LACROIX, Paris.
M. Victor DE LACROIX, Paris.
M. LANDRIEN, Bruxelles.
Mme et M. Édouard LANGE, Metz.
Mme et M. Alphonse LÉGER, Paris.

M. LEROUX, Nantes.
Mme LEROY, Bruxelles.
M. DE LUZE, Bordeaux.
M. P. Marguerite DE LA CHARLONY, Paris.
M. Georges MARONIEZ, Cambrai.
Mlle MARONIEZ, Douai.
Mme et M. Maurice MASSE, Nice.
Mme et M. L. MÉLAS, Athènes.
Dr A. MOUSSAUD, Paris.
M. Clément MOYNET, Paris.
M. Pierre DE NOLHAC, au château de Versailles.
M. André D'ORMESSON, Athènes.
M. Cyrille VAN OVERBERGH, Bruxelles.
Marquis DE PALOMARES DE DUERO, Madrid.
M. PATOUX, Paris.
Mme et M. G. PAUL, Nancy.
Mlle Marguerite PAUL, Nancy.
M. Marcel PAUL, Nancy.
Mme Marie DE PIERRELAYE, Nice.
M. PROST-DAME, Bédarieux.
Mlle PROUHET, Guéret.
M. RENAUDIN, Nantes.
Mlle Eugénie REVUZ, Paris.
M. Paul RIBOT, Paris.
M. Raoul ROCOFFORT, Marseille.
M. ROGIE, Paris.
Mlle DE ROTHMALER, Bruxelles.
M. Émile RUDAULT, Nanteuil-le-Haudoin (Oise).
Mlle Émilie RUDAULT, Nanteuil-le Haudoin (Oise).
M. Louis RUDAULT, Nanteuil-le-Haudoin (Oise).
Mme DE RUYSSCHER, Bruxelles.
Mme et M. RUYTERS, Bruxelles.

Mlle Fanny Schnitzler, Amsterdam.
M. Charles Schweisguth, Paris.
Mlle Jeanne Schweisguth, Paris.
Mme et M. Léon Simon, Nancy.
M. Didier Simon, Nancy.
M. Louis de Soye, Paris.
Mlle Lucie de Soye, Paris.
M. Sureaud, Bergerac.

Colonel et Mme du Terrail, Nice.
Mme Victor Thibault, Paris.
M. Charles Thibault, Paris.
Mme et M. Thoret, Melle.
M. Adolphe Torris, Gravelines.
Mlle Pauline Torris, Gravelines.
M. l'abbé Vantroys, Versailles.
Mme et M. Louis Vincent, Alger.
M. de Viviers, Alger.

ITINÉRAIRE DE LA CROISIÈRE

Extrait des journaux de bord et de terre.

SAMEDI, 9 AVRIL. — 11ʰ45, départ de Marseille. Vitesse moyenne, 13ⁿ,5.

DIMANCHE, 10 AVRIL. — 3ʰ à 4ʰ, franchi les bouches de Bonifacio. Midi, latitude 40°,30′ nord ; longitude 8°,50′ est.

LUNDI, 11 AVRIL. — 6 à 8ʰ, franchi le détroit de Messine. Midi, latitude 37°,54′ nord ; longitude 14°,25′ est.

MARDI, 12 AVRIL. — Passé entre Zante et Céphalonie. 5ʰ, entré dans le golfe de Patras. 9ʰ30, mouillé à Itéa. 10ʰ30, départ de la caravane d'Itéa ; passage à Chrysso. Midi à 5ʰ, visite de Delphes ; lunch dans le Stade. 6ʰ30, retour à Itéa. 8ʰ, appareillé d'Itéa.

MERCREDI, 13 AVRIL. — 1ʰ, sorti du golfe de Patras. 5ʰ30, mouillé à Katakolo. 7ʰ20, débarqué ; départ pour Pyrgos et Olympie. 9ʰ à 3ʰ, visite d'Olympie ; déjeuner à l'hôtel de la Compagnie du chemin de fer. 4ʰ30, retour à Katakolo. 5ʰ, appareillé de Katakolo.

JEUDI, 14 AVRIL. — Minuit 22, doublé le cap Matapan. 3ʰ45, doublé le cap Saint-Ange. 1ʰ10, mouillé à Délos ; salué l'École d'Athènes d'un coup de canon. 2ʰ à 6ʰ, visite de Délos. 6ʰ10, appareillé de Délos ; mer agitée.

VENDREDI, 15 AVRIL. — Minuit 43, doublé Hydra. 5ʰ30, mouillé à Nauplie. 7ʰ45, départ de Nauplie pour Argos. 8ʰ15 à 9ʰ15, visite d'Argos. 9ʰ15, départ d'Argos pour Phyktia-Mycènes. 11ʰ à 3ʰ, visite de Mycènes ; déjeuner sur l'acropole de Mycènes. 3ʰ30, départ de Mycènes pour Tirynthe. 5ʰ à 6ʰ, visite de Tirynthe. 6ʰ20, retour à Nauplie ; visite de la ville. 10ʰ, appareillé de Nauplie.

SAMEDI, 16 AVRIL. — 6ʰ, arrivée au Pirée. 2ʰ30, visite de l'Acropole et du musée de l'Acropole.

DIMANCHE, 17 AVRIL. — 10ʰ, visite du Musée National. 10ʰ soir, réception par M. et Mᵐᵉ Homolle à l'École française.

LUNDI, 18 AVRIL. — 11ʰ, célébration à l'École française du cinquantième anniversaire de sa fondation. 6ʰ5, appareillé du Pirée. 11ʰ à minuit, franchi le canal d'Oro.

MARDI, 19 AVRIL. — 10ʰ, arrivé devant le mont Athos ; embarqué le pacha. 10ʰ30, débarqué à Rossikon. 1ʰ30, retour à bord. 3ʰ30, débarqué devant Lavra. 4ʰ30, retour à bord. 5ʰ40, débarqué à Vatopédi. 6ʰ45, retour à bord. 8ʰ20, repris le large ; temps brumeux.

MERCREDI, 20 AVRIL. — 7ʰ, mouillé à Koum-Kaleh. 7ʰ30, débarqué ; départ de la caravane pour Troie. 9ʰ30 à midi 15, visite de Troie ; déjeuné près des ruines. 1ʰ30, retour à Koum-Kaleh. 2ʰ, appareillé de Koum-Kaleh. 3 à 3ʰ15, stoppé aux Dardanelles.

JEUDI, 21 AVRIL. — 4ʰ30, doublé San-Stefano ; temps brumeux. 9ʰ, doublé la pointe du Vieux-Sérail ; monté le Bosphore ; viré de bord en vue de la mer Noire ; 11ʰ30, amarré à quai à Galata.

VENDREDI, 22 AVRIL. — Midi, le Sélamlick ; réception au palais d'Yldiz. 10ʰ soir, réception au Cercle français par l'*Union française.*

SAMEDI, 23 AVRIL. — 1ʰ à 5ʰ, visite des palais : Vieux-Sérail, Trésor, palais de Beylerbey et de Dolma-Bagtché. 10ʰ soir, bal offert à bord de l'*Orénoque* à l'ambassadeur et aux membres de la colonie française.

DIMANCHE, 24 AVRIL. — 4ʰ soir, quitté le quai pour mouiller en face de Scutari.

LUNDI, 25 AVRIL. — 2ʰ, appareillé. 6ʰ, mouillé à Moudania. 6ʰ15, débarqué en remorqueur. 7ʰ, départ en chemin de fer pour Brousse. 8ʰ30 à 4ʰ, visité Brousse et les environs ; déjeuné dans le train ; temps pluvieux. 7ʰ30, retour à Moudania. 8ʰ, appareillé.

MARDI, 26 AVRIL. — 4ʰ37, entré dans le détroit des Dardanelles. 6ʰ30 à 7ʰ30, stoppé aux Dardanelles. 9ʰ50, doublé Ténédos. Midi, latitude 39°,24′ nord ; longitude 23°,14′ est. 8ʰ à 9ʰ, franchi le canal d'Oro.

MERCREDI, 27 AVRIL. — 4ʰ, doublé le cap Saint-Ange. 6ʰ35, doublé le cap Matapan ; gros temps, mer grosse. Midi, latitude 36°,30′ nord ; longitude 18°,36′ est.

JEUDI, 28 AVRIL. — 10ʰ, mouillé à Syracuse ; visite sanitaire. 11ʰ30, débarqué à Syracuse ; excursion au théâtre grec et aux Latomies ; visite de la ville. 6ʰ, appareillé. 10ʰ à minuit, franchi le détroit de Messine.

VENDREDI, 29 AVRIL. — 3ʰ20, doublé le Stromboli. Midi, latitude 39°,51′ nord ; longitude 9°,46′ est. 6ʰ, dîner d'adieu.

SAMEDI, 30 AVRIL. — 4ʰ à 5ʰ, franchi les bouches de Bonifacio. Midi, latitude 42°,9′ nord ; longitude 4°,49′ est. 5ʰ30, doublé le cap Sicié. 7ʰ25, doublé la Ciotat. 8ʰ30, arrivée à Marseille.

IMPRIMÉ

PAR BERGER-LEVRAULT & Cie

A NANCY